大师读书与做人

冯友兰◎著

读书与做人

国际文化出版公司

·北京·

图书在版编目（CIP）数据

冯友兰读书与做人／冯友兰著．—4 版．—北京：国际文化出版公司，2017.9

（大师读书与做人）

ISBN 978-7-5125-0980-1

Ⅰ．①冯…　Ⅱ．①冯…　Ⅲ．①冯友兰（1895-1990）－文集

Ⅳ．① B261

中国版本图书馆 CIP 数据核字（2017）第 199704 号

冯友兰读书与做人

作　　者	冯友兰
总 策 划	葛宏峰
责任编辑	杨　华
统筹监制	兰　青
策划编辑	郭目娟
美术编辑	秦　宇
出版发行	国际文化出版公司
经　　销	国文润华文化传媒（北京）有限责任公司
印　　刷	阳谷毕升印务有限公司
开　　本	710 毫米 ×1000 毫米　　16 开 16 印张　　224 千字
版　　次	2017 年 9 月第 4 版 2020 年 1 月第 2 次印刷
书　　号	ISBN 978-7-5125-0980-1
定　　价	56.00 元

国际文化出版公司

北京朝阳区东土城路乙 9 号邮编：100013

总编室：（010）64271551 传真：（010）64271578

销售热线：（010）64271187

传真：（010）64271187-800

E-mail：icpc@95777.sina.net

http：//www.sinoread.com

目录
CONTENTS

第一部分

读书篇

第二部分

做人篇

冯友兰

读书篇

我的读书经验

我今年八十七岁了，从七岁上学起就读书，一直读了八十年，其间基本上没有间断，不能说对于读书没有一点经验。我所读的书，大概都是文、史、哲方面的，特别是哲。我的经验总结起来有四点：（1）精其选，（2）解其言，（3）知其意，（4）明其理。

先说第一点。古今中外，积累起来的书真是多极了，真是浩如烟海。但是，书虽多，有永久价值的还是少数。可以把书分为三类，第一类是要精读的，第二类是可以泛读的，第三类是只供翻阅的。所谓精读，是说要认真地读，扎扎实实地一个字一个字地读。所谓泛读，是说可以粗枝大叶地读，只要知道它大概说的是什么就行了。所谓翻阅，是说不要一个字一个字地读，不要一句话一句话地读，也不要一页一页地读。就像看报纸一样，随手一翻，看看大字标题，觉得有兴趣的地方就大略看看，没有兴趣的地方就随手翻过。听说在中国初有报纸的时候，有些人捧着报纸，就像念"五经""四书"一样，一字一字地高声朗诵。照这个办法，一天的报纸，念一年也念不完。大多数的书，其实就像报纸上的新闻一样，有些可能轰动一时，但是昙花一现，不久就过去了。所以，书虽多，真正值得精读的并不多。下面所说的就指值得精读的书而言。

怎样知道哪些书是值得精读的呢？对于这个问题不必发愁。自古以来，已经有一位最公正的评选家，有许多推荐者向它推荐好书。这个评选家就是时间，这些推荐者就是群众。历来的群众，把他们认为有价值的书，推荐给时间。时间照着他们的推荐，对于那些没有永久价值的书都刷下去了，

读书篇

把那些有永久价值的书流传下来。从古以来流传下来的书，都是经过历来群众的推荐，经过时间的选择，流传了下来。我们看见古代流传下来的书，大部分都是有价值的，我们心里觉得奇怪，怎么古人写的东西都是有价值的。其实这没有什么奇怪，他们所作的东西，也有许多没有价值的，不过这些没有价值的东西，没有为历代群众所推荐，在时间的考验上，落了选，被刷下去了。现在我们所称为"经典著作"或"古典著作"的书都是经过时间考验，流传下来的。这一类的书都是应该精读的书。当然随着时间的推移和历史的发展，这些书之中还要有些被刷下去。不过直到现在为止，它们都是榜上有名的，我们只能看现在的榜。

我们心里先有了这个数，就可随着自己的专业选定一些须要精读的书。这就是要一本一本地读，所以在一个时间内只能读一本书，一本书读完了才能读第二本。在读的时候，先要解其言。这就是说，首先要懂得它的文字；它的文字就是它的语言。语言有中外之分，也有古今之别。就中国的汉语笼统地说，有现代汉语，有古代汉语，古代汉语统称为古文。详细地说，古文之中又有时代的不同，有先秦的古文，有两汉的古文，有魏晋的古文，有唐宋的古文。中国汉族的古书，都是用这些不同的古文写的。这些古文，都是用一般汉字写的，但是仅只认识汉字还不行。我们看不懂古人用古文写的书，古人也不会看懂我们现在的《人民日报》。这叫语言文字关。攻不破这道关，就看不见这道关里边是什么情况，不知道关里边是些什么东西，只好在关外指手画脚，那是不行的。我所说的解其言，就是要攻破这一道语言文字关。当然要攻这道关的时候，要先作许多准备，用许多工具，如字典和词典等工具书之类。这是当然的事，这里就不多谈了。

中国有句老话说是"书不尽言，言不尽意"，意思是说，一部书上所写的总要比写那部书的人的话少，他所说的话总比他的意思少。一部书上所写的总要简单一些，不能像他所要说的话那样啰唆。这个缺点倒有办法可以克服。只要他不怕啰唆就可以了。好在笔墨纸张都很便宜。文章写得啰唆一点无非是多费一点笔墨纸张，那也不是了不起的事。可是言不尽意那种困难，就没有法子克服了。因为语言总离不了概念，概念对于具体事物来说，总不会完全合适，不过是一个大概轮廓而已。比如一个人说，他牙痛。牙是一个概念，痛是一个概念，牙痛又是一个概念。其实他不仅止于牙痛而已。那个痛，有一种特别的痛法，有一定的大小范围，有一定的深度。这都是很复杂的情况，不是仅仅牙痛两个字所能说清楚的，无论怎样啰唆他也说不出来的，言不尽意的困难就在于此。所以在读书的时候，即使书中的字都认得了，话全懂了，还未必能知道作书的人的意思。从前人说，读书要注意字里行间，又说读诗要得其"弦外音，味外味"。这都是说要在文字以外体会它的精神实质。这就是知其意。司马迁说过："好学深思之士，心知其意。"意是离不开语言文字的，但有些是语言文字所不能完全表达出来的。如果仅只局限于语言文字，死抓住语言文字不放，那就成为死读书了。死读书的人就是书呆子。语言文字是帮助了解书的意思的拐棍。既然知道了那个意思以后，最好扔了拐棍。这就是古人所说的"得意忘言"。在人与人的关系中，过河拆桥是不道德的事。但是，在读书中，就是要过河拆桥。

上面所说的"书不尽言"，"言不尽意"之外，还可再加一句"意不尽理"。理是客观的道理，意是著书的人的主观的认识和判断。也就是客观的道理在他的主观上的反映。理和意既然有主观客观之分，意和理就不能完全相合。人总是人，不是全知全能。他的主观上的反映、体会和判断，和客观的道理总要有一定的差距，有或大或小的错误。所以读书仅至得其意还不行，还要明其理，才不至于为前人的意所误。如果明其理了，我就有我自己的意。我的意当然也是主观的，也可能不完全合乎客观的理。但我可以把我的意和前人的意互相比较，互相补充，互相纠正。这就可能有一个比较正确的意。这个意是我的，我就可以用它处理事务，解决问题。好像我用我自己的腿走路，只要我心里一想走。腿就自然而然地走了。读书到这个程度就算是能活学活用，把书读活了。会读书的人能把死书读活；不会读书的人能把活书读死。把死书读活，就能把书为我所用，把活书读死，就是把我为书所用。能够用书而不为书所用，读书就算读到家了。

从前有人说过："六经注我，我注六经。"自己明白了那些客观的道理，

读书篇

自己有了意，把前人的意作为参考，这就是"六经注我"。不明白那些客观的道理，甚而至于没有得古人所有的意，而只在语言文字上推敲，那就是"我注六经"。只有达到"六经注我"的程度，才能真正地"我注六经"。

与印度泰谷尔谈话

我自从到美国以来，看见一个外国事物，总好拿它同中国的比较一下。起头不过是拿具体的、个体的事物比较，后来渐及于抽象的、普通的事物；最后这些比较结晶为一大问题，就是东西洋文明的比较。这个大问题，现在世上也不知有能解答他的人没有。前两天到的《北京大学日刊》上面，登有梁漱溟先生的"东西洋文明及其哲学"的讲演，可惜只登出绪论，尚未见正文。幸喜印度泰谷尔（Rabindranath Tagore）先生到纽约来了，他在现在总算是东方的一个第一流人物，对于这个问题，总有可以代表一大部分东方人的意见。所以我于十一月三十日到栈房去见他，问他这个问题。现在将当日问答情形，写在下面。顶格写的是他的话，低一点写的是我的话。

中国是几千年的文明国家，为我素所敬爱。我从前到日本没到中国，至今以为遗憾。后有一日本朋友，请我再到日本，我想我要再到日本，可要往中国去，而不幸那位朋友，现在死了，然而我终究必要到中国去一次的。我自到纽约，还没有看见一个中国人，你前天来信，说要来见我，我很觉得喜欢。

现在中国人民的知识欲望，非常发达，你要能到中国一行，自然要大受欢迎。中国古代文明，固然很有可观，但现在很不适时。自近年以来，我们有一种新运动，想把中国的旧东西，哲学、文学、美术，以及一切社会组织，都从新改造，以适应现在的世界……

适应么？那自然是不可缓的。我现在先说我这次来美国的用意。我们亚洲文明，可分两派，东亚洲中国、印度、日本为一派，西亚洲波斯、亚拉伯等为一派，今但说东亚洲。中国、印度的哲学，虽不无小异，而大同之处很多。西洋文明，所以盛者，因为他的势力，是集中的。试到伦敦、巴黎一看，西洋文明全体可以一目了然，即美国哈佛大学，也有此气象。我们东方诸国却如一盘散沙，不互相研究，不互相团结，所以东方文明一天衰败一天了。我此次来美就是想募款，建一大学，把东方文明，聚在一处来研究。什么该存，什么该废，我们要用我们自己的眼光来研究，来决定，不可听西人模糊影响的话。我们的文明，也许错了，但是不研究怎么知道呢？

我近来心中常有一个问题，就是东西洋文明的差异，是等级的差异（Difference 0f degree），是种类的差异（Difference of Kind）？

此问题我能答之，他是种类的差异。西方的人生目的是"活动"（Activity），东方的人生目的是"实现"（Realization）。西方讲活动进步，而其前无一定目标，所以活动渐渐失其均衡。现只讲增加富力，各事但求"量"之增进。所以各国自私自利、互相冲突。依东方之说，人人都已自己有真理了。不过现有所蔽；去其蔽而真白实现。

中国老子有句话是："为学日益，为道日损。"西方文明是"日益"；东方文明是"日损"，是不是？

是。

但是东方人生，失于太静（Passive），是吃"日损"的亏不是？太静固然，但是也是真理（Truth）。真理有动（Active）、静（Passive）两方面：譬如声音是静，歌唱是动；足力是静，走路是动。动常变而静不变；譬如我自小孩以至现在，变的很多，而我泰谷尔仍是泰谷尔，这是不变的。东方文明譬如声音，西方文明，譬如歌唱；两样都不能偏废；有静无动，则成为"惰性"（Inertia）；有动无静，则如建楼阁于沙上。现在东方所能济西方的是"知慧"（Wisdom），西方所能济东方的是"活动"（Activity）。

是。

那么静就是所谓体（Capacity），动就是所谓用（Action）了。

如你所说，吾人仍应于现在之世界上讨生活。何以佛说：现在世界，是无明所现，所以不要现在世界？

这是你误信西洋人所讲的佛教了。西人不懂佛教，即英之达维思夫人（Mis, Rys Davids），尚须到印度学几年才行。佛说不要现在世界者，是说：人为物质的身体所束缚，所以一切不真；若要一切皆真，则须先消极的将内欲去尽，然后真心现其大用，而真正完全之爱出，爱就是真。佛教有二派：一小乘（Hina-yana），专从消极一方面说；一大乘（Maha-yana），专从积极一方面。佛教以爱为主，试问若不积极，怎样能施其爱？古来许多僧徒，牺牲一切以传教，试问他们不积极能如此么？没有爱能如此么？

依你所说：东方以为，真正完全之爱，非俟人欲净尽不能出；所以先"日损"而后"日益"。西方却想于人欲中求爱，起首就"日益"了。是不是？

是。

然则现在之世界，是好是坏？

也好也坏。我说他好者，因为他能助心创造（Creation）；我说他坏者，因为他能为心之阻碍（Obstruction）。如一块顽石，是为人之阻碍；若裂成器具，则是为人用。又如学一语言，未学会时，见许多生字，是为阻碍；而一学会时，就可利用之以做文章了。

依你所说：则物为心创造之材料，是不是？

是，心物二者，缺一不能创造。

我尚有一疑问，佛教既不弃现世，则废除男女关系，是何用意？

此点我未研究，不能答。或者是一种学者习气，亦未可知。

依你所说，则东西文明，将来固可调和；但现在两相冲突之际，我们东方，应该怎样改变，以求适应？从前中国初变法之时，托尔斯泰曾经给我们一信，劝我们不可变法。现在你怎样指教我们？

现在西方对我们是取攻势（Aggressive），我们也该取攻势。我只有一句话劝中国，就是："快学科学！"东方所缺而急需的，就是科学。现在中国派许多留学生到西洋，应该好好的学科学。这事并不甚难。中国历来出过许多发明家，这种伟大民族，我十分相信他能学科学，并且发明科学的。东方民族，决不会灭亡，不必害怕。只看日本，他只学了几十年的科学，也就强了。不过他太自私，行侵略主义，把东方的好处失了。这是他的错处。

你所筹办的大学，现在我们能怎样帮忙？

这层我不能说，这要人人各尽其力的。中国随便什么事——捐款、捐书、送教员、送学生——都可帮助这个大学的。现在我们最要紧的。是大家联络起来，互相友爱；要知道我们大家都是兄弟！

谈到这里，已经是一个钟点过去；我就起身告辞了。泰谷尔先生的意见对不对，是另一个问题；不过现在东方第一流人物对东西文明有如此的见解，这是我们应该知道的。我还要预先警告大家一句，就是泰谷尔的话，初看似乎同从前中国中学为体，西学为用之说，有点相像；而其实不同。中国旧说，是把中学当个桌子，西学当个椅子；要想以桌子为体，椅子为用。这自然是不但行不通，而且说不通了。泰谷尔先生的意思，是说真理只有一个，不过他有两方面，东方讲静的方面多一点，西方讲动的方面多一点，就是了。换句话说：泰谷尔讲的是一元论，中国旧说是二元论。

我现在觉得东方文明，无论怎样，总该研究。为什么？因为他是事实。无论什么科学，只能根据事实，不能变更事实。我们把事实研究之后，用系统的方法记述他，用道理去解说他，这记述和解说，就是科学。记述和解说自然事实的，就是自然科学；记述和解说社会事实的，就是社会科学。我们的记述解说会错，事实不会错。譬如孔学，要把他当成一种道理看，他会错会不错；要把他当成事实看——中国从前有这个道理，并且得大多数人的信仰，这是个事实——他也不会错，也不会不错。他只是"是"如此，谁也没法子想。去年同刘叔和谈，他问我：中国对于世界的贡献是什么？我说：别的我不敢说；但是我们四千年的历史——哲学、文学、美术、制度……都在内——无论怎样，总可作社会科学，社会哲学的研究资料。所以东方文明，不但东方人要研究，西方人也要研究；因为他是宇宙间的事实的一部分。说个比喻，假使中国要有一块石头，不受地的吸力，牛顿的吸力律，就会打破，牛顿会错，中国的石头不会错！本志二卷四号所载熊子真先生的信上面的话，我都很佩服；但是不许所谓新人物研究旧学问，我却不敢赞成。因为空谈理论，不管事实，正是东方的病根，为科学精神所不许的。中国现在空讲些西方道理，德摩克拉西、布尔什维克，说的天花乱坠；至于怎样叫中国变成那两样东西，却谈的人很少。这和八股策论，有何区别？我们要研究事实，而发明道理去控制他，这正是西洋的近代精神！

民国九年十二月六日作于纽约。

这篇文章做成之后，就寄给志希看，志希来信，说："研究旧东西一段，可否说明以新方法来研究旧东西？泰氏说的（Realization）一段，我不懂……既然是一件事的两面，就无所谓体，无所谓用，与他自己所说的也有出入。"

我答应说：要是把中国的旧东西当事实来研究，所用的方法，自然是科学方法了。中国的旧方法，据我所知，很少把东西放在一个纯粹客观的地位来研究的，没有把道理当作事实研究。现在要把历史上的东西，一律看着事实，把他们放在纯粹客观的地位，来供我们研究；只此就是一条新方法。不过要免误会起见，多说一两句，自然更清楚。

泰谷尔所谓"实现"一段，据我的意见，是说：西洋人生，没有一定目的，只是往前走；东方却以为人人本已有其真理，只是把它"实现"出来就是。如宋儒之所谓去人欲，复天理，就是这个意思。

志希说："既是一件事的两面，就无所谓体，无所谓用……"我说：惟其有所谓体，有所谓用，所以才是一件事的两面。体用两字，在中国很滥了，但实在他们是有确切意思的。宋儒的书，自然还没有人翻；印度的书，他们翻的时候，"体""用"翻成英文的哪两个字，我还不知道。那天晚上，只是随便抓了一两个英文字就是了。此外如心理学上所谓 Organ，Function，伦理学上所谓 Character，Action，都可举为体用之例。体与用是相对的字眼，如以 Organ 为体，则 Function 便是用，如以 Character 为体，则 Action 便是用。没有 Organ，就没有 Function，没有 Function，Organ 也就死了。所以两个只是一个东西的两面。宋儒讲体用一源，就是如此。

九年十二月十日再记

中国哲学中之神秘主义

一

神秘主义一名，有种种不同底意义。本文所说神秘主义，乃专指一种哲学，承认有所谓"万物一体"之境界者；在此境界中，个人与"全"（宇宙之全），合而为一；所谓主观客观、人我内外之分，俱已不存。学哲学者普通多谓此神秘主义必与唯心论底宇宙论相关连。宇宙必是唯心论底，其全体与个人之心灵，有内部底关系；个人之精神，与宇宙之大精神，本为一体；特以有一种后起底隔阂，以致人与宇宙全体，似乎分离。若去此隔阂，则个人与宇宙，即复合而为一，而所谓神秘底境界，即以得到。学哲学者之普通底意见虽如此，但神秘主义实不必与唯心论底宇宙论相连。如中国之道家哲学，其宇宙论并非一唯心论底，然其中亦有神秘主义也。

佛家之哲学，是神秘主义底。但佛家哲学，严格地说，似不能算是中国哲学。我们固已将佛经翻译成中文，但我们不能因此即以佛经为中国哲学；犹我们即将柏拉图的"对话"译成中文，我们也不能即以之为中国哲学。所以本文对于佛家之神秘主义，存而不论。本文所讨论，只及于道、儒两家。在中国哲学中，此两家之势力最大。此两家皆以神秘底境界为最高境界，以神秘经验为个人修养之最高成就。

不过道家之宇宙论倾向于唯物论；儒家之宇宙论则倾向于心论。两家所用以达上述之最高境界、最高目的之方法亦不同。道家所用之方法，乃在知识方面取消一切分别而至于"天地与我并生，而万物与我为一"（《庄子·齐物论》）之境界。儒家所用之方法，乃在道德方面克己去私，以"复其天地万物一体之本然"（王阳明《大学问》）。在中国哲学史中，此二方法，分流并峙，颇呈奇观。不过道家之方法，自魏晋以后，似已无人再讲，而儒家之方法，则有宋明诸哲学家为之发挥提倡，此其际遇之不同也。此但略举，详在下文。

所谓道家、儒家亦颇宽泛。本文以庄子代表古代的道家，以郭象代表后来的道家；以《中庸》、孟子代表古代的儒家，以程明道、朱晦庵、王阳明等代表后来的儒家。

二

知识一名，有广狭二义。其广义乃指一切经验；其狭义乃指智识底知识（Intellectual Knowledge）。"老聃曰：'吾游心于物之初……心困焉而不能知，口辟焉而不能言。'"（《庄子·田子方》）心所能知，口所能言之知识，乃智识底知识；心所不能知，口所不能言之经验，虽亦可以广义底知识名之，然实非智识底知识也。道家之反对知识，乃反对智识底知识。道家反对智识底知识而注重纯粹底经验。盖智识底知识之功用，在于分别事物，而纯粹底经验之所得，乃无分别之浑然一体也。

"纯粹经验"是威廉·詹姆士所用底名词。所谓纯粹经验（Pure Experience）即是无智识底知识之经验。在有纯粹经验之际，经验者，对于所经验，只觉其是"如此"（詹姆士所谓 that），而不知其是"什么"（詹姆士所谓 what）。詹姆士说纯粹经验即是经验之"票面价值"（facevalue），即是纯粹所觉，不能以名言区别。此等经验，普通惟最小底婴儿有之。无智识底知识之婴儿，于张开眼看见许多事物之时，他不但不知那些事物是什么，他且简直不知那些事物之是事物。即"事物"之最宽泛底概念，他亦无有。他不过只觉得他见如此如此而已。说"他见"亦不对，因他亦不知他是"他"。他无有一切概念，无有一切名言区别，无有一切智识底知识。他的经验，即是纯粹经验。

此种经验，道家认为是可贵底。老子常言婴儿。他说："专气致柔，能婴儿乎？"（《道德经》十章）"我独泊兮其未兆，如婴儿之未孩。"（同上二十章）"常德不离，复归于婴儿。"（同上二十八章）"圣人在天下，歙歙然为天下浑其心。百姓皆注其耳目，圣人皆孩之。"（同上四十九章）"含德之厚，比于赤子。"（同上五十五章）庄子所谓真人，即是复返于婴儿之人。他说：

> 古之真人，其寝不梦，其觉无忧，其食不甘，其息深深……古之真人，不知说生，不知恶死，其出不䜣，其入不距，翛然而往，翛然而来而已矣。（《大宗师》）

他又说：

> 泰初有无，无有无名，一之所起，有一而未形。物得以生谓之德。未形者有分，且然无闻，谓之命。留动而生物，物成生理谓之形。形体保神，各有仪则，谓之性。性修反德，德至同于初。同乃虚；虚乃大。合喙鸣（郭云："无心于言而自言者，合于喙鸣。"）喙鸣合，与天地为合。其合缗缗，若愚若昏。是谓玄德，同乎大顺。（《天地》）

又说：

> 古之人，其知有所至矣。恶乎至？有以为未始有物者，至矣，尽矣，不可以加矣。其次以为有物矣，而未始有封也。其次以为有封矣，而未始有是非也。是非之彰也，道之所以亏也。（《齐物论》）

"古之人"，"以为未始有物"，正如婴儿之不知事物之是事物。即物之最宽泛底概念，他们亦无有。有此经验者，"玄同彼我，弥贯是非"；在其经验中，一切皆是浑然一体。若有分别是非，则此浑然一体破；所以说："是非之彰也，道之所以亏也。"有思虑分别之成人，应"性修反德，德至同于初"。"同于初"即返于浑然一体，"无有无名"之境界，于此即"与天地为合"。"其合缗缗，若愚若昏"；《大宗师》中所说之真人，没有一切知识，"其寝不梦，其觉无忧……"正是"若愚若昏"，如婴儿然。

所以庄子注重"忘"，能忘一切，即至于纯粹经验之境界。他说：

> 颜回曰："回益矣。"仲尼曰："何谓也？"曰："回忘仁义矣。"曰："可矣，犹未也。"他日复见，曰："回益矣。"曰："何谓也？"曰："回忘礼乐矣。"曰："可矣，犹未也。"他日复见，曰："回益矣。"曰："何谓也？"曰："回坐忘矣。"仲尼蹴然曰："何谓坐忘；"颜回曰："堕肢体，黜聪明，离形去知，同于大通。此谓坐忘。"（《大宗师》）

又说：

> 忘乎物，忘乎天，其名为忘己；忘己之人，是之谓入于天。（《天地》）

能忘一切则即至于纯粹经验，而"同于大通"，"入于天"矣。他又说：

> ……吾犹守而告之，参日而后能外天下。已外天下矣，吾又守之，七日而后能外物。已外物矣，吾又守之，九日而后能外生。已外生矣，而后能朝彻。朝彻而后能见独。见独而后能无古今。无古今而后能入于不死不生。杀生者不死；生生者不生。其为物，无不将也，无不迎也，无不毁也。无不成也；其名为撄宁。撄宁也者，撄而后成者也。（《大宗师》

既"外"一切，则所见者，惟浑然之一体而已；此所谓"见独"也。在浑然一体之中，古今死生之一切区别，皆不存在。有此经验者，其应世接物，亦只随顺一切而已。故于物"无不将"，"无不迎"；其视物亦"无不成"，"无不毁"也。

三

于上所引"忘己之人，是之谓入于天"。郭象注云：

> 人之所不能忘者，己也。己犹忘之，又奚识哉？斯乃不识不知而冥于自然也。

于上所引"离形弃知，同于大通"。郭象注云：

> 夫坐忘者，奚所不忘哉？既忘其迹，又忘其所以迹者，内不觉其一身，外不识有天地，然后旷然与变化为体而无不通也。

郭象又说：

> 夫圣人，无我者也。故滑疑之耀，则图而域之，恢诡谲怪，则通而一之，使群异各安其所安，众人不失其所是，则已不用于物，而万物之用用矣。（《齐物论》注）

又说：

> 惟大圣无执，故芚然直往，而与变化为一，一变化而常游于独者也。（同上）

又说：

> 夫忘年故玄同死生，忘义故弥贯是非；是非死生，荡而为一，斯至理也。至理畅于无极，故寄之者不得有穷也。（同上）

圣人"不识不知"，"内不觉其一身，外不识有天地"，"无我"，"无执"，"遗彼忘我，冥此群异"（《逍遥游》注），群异冥则纯粹经验得，而浑然与万物为一体矣。

道家之宇宙论，倾向于唯物论；其所说万物一体之境界，亦是知识论底（Epistemological），而非本体论底（Ontological）。其所以达此境界之方法，则在知识方面取消分别而至于纯粹经验，如上文所说。

四

道家之方法，注重于知识方面；儒家则注重于道德实践方面。儒家以为吾人宜致力于"求仁"，"强恕"，以"合内外之道"；内外合则吾人亦即至于万物一体之境界。儒家所说，与德国哲学家叔本华所说以"爱之事业"打破"个性原理"者，颇有相似之点。叔本华以为普通人皆为"个性原理"所限制，所以于人我之间，分清界限。但能仁爱以扩大其心者，则可打破人我之界限。而至于万物一体之境界。（参看拙著《人生哲学》第六章）此与儒家之以"克己"、"强恕"求仁，以至于万物一体之境界者，固有相似之处也。

孔子常说仁。其所谓仁之意义，是否即如宋儒所解释者，诚是一问题。然孔子固明说：

> 夫仁者，己欲立而立人，已欲达而达人，能近取譬，可谓仁之方也矣。（《论语·雍也》）

又说：

> 克己复礼为仁。一日克己复礼，天下归仁焉。为仁由己，而由人乎哉？

可知孔子所谓仁之要素，亦是取消人我之界限，所以为仁首注重克己也。不过所谓万物一体之境界，孔子未尝明言；其所谓仁或只是一种道德，并无神秘主义底意义。至《中庸》及孟子，儒家之神秘主义，始完全显明。《中庸》说：

> 天命之谓性。

又说：

> 惟天下至诚为能尽其性；能尽其性，则能尽人之性；能尽人之性，则能尽物之性；能尽物之性，则可以赞天地之化育；可以赞天地之化育，则可以与天地参矣。

孟子说：

> 尽其心者，知其性也；知其性则知天矣。存其心，养其性，所以事天也。夭寿不贰，修身以俟之，所以立命也。(《孟子·尽心上》)

据此可知《中庸》、孟子，在形上学上，皆以为性即人之所受于天者；天与性本来只是一个，宇宙是唯心论底；人与宇宙，有内部底关系。惟其如此，所以能尽己之性即能尽人之性；能尽人之性即能尽物之性；能尽物之性即赞天地之化育而与天地参。惟其如此，所以尽其心即知其性，知其性即知天也。

惟其如此，所以孟子说：

> 万物皆备于我矣。反身而诚，乐莫大焉。强恕而行，求仁莫近焉。(同上)

"万物皆备于我"，即万物本与"我"为一体也。"我"与万物本为一体，面乃以有隔阂之故，我与万物，似乎分离；此即不诚。至宇宙之全体，则本以万物为一体，所以无不诚。所以《中庸》说：

> 诚者，天之道也；诚之者，人之道也。

又说：

> 诚者，非自成己而已也，所以成物也。成己，仁也。成物，智也。性之德也，合内外之道也。

孟子说：

> 是故诚者，天之道也；诚之者，人之道也。至诚而不动者，未之有也。不诚未有能动者也。（《孟子·离娄》）

如欲返于万物一体之境界，则须行仁恕之道，推己及人，"成己"，"成物"，"合内外之道"。内外合则"我"与万物为一体矣。孟子说："强恕而行，求仁莫近焉。"以恕求仁，孟子所谓仁，或即是诚，或乃所以求诚。要之强恕即推己及人之道。常推己以及人，则人我之界限破，而"我"与万物为一体矣。

孟子所谓浩然之气，即个人在此最高境界中之精神状态。所以孟子说：

> 其为气也，至大至刚。以直养而无害，则塞于天地之间。（《孟子·公孙丑上》）

至于养此气之方法，孟子说：

> 其为气也，配义与道，无是，馁也。是集义所生者，非义袭而取之也。行有不慊于心，则馁矣。我故曰：告子未尝知义，以其外之也。

必有事焉，而勿正，心勿忘，勿助长也。（同上）

此所谓义，大概包括孟子所说人性中所有诸善"端"。以诸"端"皆性内本有，非由外学来。故曰："告子未尝知义，以其外之也。"此诸善"端"，皆倾于取消人我界限。即此逐渐推广，勿停止不进（焦循《孟子正义》谓"正之义通于止"），亦勿急躁求速，"集义"既久，则行无"不慊于心"，而"塞乎天地之间"之精神状态，亦即得到矣。

五

《论语》、《大学》、《中庸》、《孟子》乃宋、明哲学家所据之经典。由今视之，宋、明哲学家所讲说，其大端实即上述之神秘主义，不过其"条理工夫"或加详密而已。

程明道云：

> 学者须先识仁；仁者浑然与物同体；义礼知信皆仁也……此道与物无对，大不足以名之。天地之用，皆我之用，孟子言万物皆备于我，须反身而诚，乃为大乐，若反身未诚，则犹是二物有对，以己合彼，终未有之，又安得乐？（《二程语录》卷二）

又说：

> ……天人一也，更不分别。浩然之气，乃吾气也，养而不害，则塞乎天地，一为私心所蔽，则欿然而馁，知其小也。思无邪，无不敬，只此二句，循而行之，安得有差？（同上）

程伊川云：

圣人之神，与天地为一，安得有二？至于不勉而中，不思而得，莫不在此。此心即与天地无异，不可小了他。若或将心滞在知识上，故反以心为小。（同上）

又说：

只著一个私意，便是馁，便是缺了他浩然之气处。（同上，按：此条未注明系明道或伊川所说。）

又说：

万物皆备于我，不独人尔，物皆然，都自这里出去。只是物不能推，人则能推之。纵能推之，几时添得一分？不能推之，几时减得一分？百理具在平铺放著。（同上，按：此条亦未注明。）

"我"本与万物为一体，"万物皆备于我"，"此心与天地无异"，特以有"私"，敇"小了他"，去此"私"，则万物一体之本然复，此之谓"能推"。

六

朱晦庵云：

人之所以为人，其理则天地之理，其气则天地之气，理无迹不可见，故于气观之……将此意看圣贤许多说仁处，都只是这意。告颜子以克己复礼，克去己私，以复于礼，自然都是这意思。这不是待人旋安排，自是合下都是这个浑全流行物事。此意思才无私意间隔，便自见得人与己一，物与己一；公道自流行。（《朱子全书》卷四十七）

又说：

无私，是仁之前事，与天地万物为一体，是仁之后事，惟无私然后仁，惟仁然后与天地万物为一体。（同上）

又说：

己私既克，则廓然大公，与天地万物，血脉贯通。爱之理得于内，而其用行于外。天地之间，无一物之非吾仁矣……盖己私既克，则廓然大公，皇皇四达，而仁之体无所蔽矣。夫理无蔽，则天地万物，血脉贯通，而仁之用无不周矣。然则所谓爱之理者，乃吾本性之所有，特以廓然大公而后在，非因廓然大公而后有也。以血脉贯通而后达，非以血脉贯通而后存也。（同上）

又说：

大其心则能遍体天下之物。体，犹仁体事而无不在。言心理流行，脉络贯通，无有不到。苟一物有未体，则便有不到处。包括不尽，是心为有外。盖私意间隔，而物我对立，则虽至亲，且未必能无外矣。故有外之心，不足以合天心。（《朱子全书》卷四十四）

克己去私以求仁，以至于万物一体之境界。至万物一体之境界，则物我之对立消，而心无外矣。故云："惟无私然后仁，惟仁然后与天地万物为一体。"

七

王阳明说：

大人者，以天地万物为一体者也。其视天下犹一家，中国犹一人

读书篇

焉。若夫间形骸而分尔我者，小人矣。大人之能以天地万物为一体也，非意之也，其心之仁本若是其与天地万物而为一也。岂惟大人，虽小人之心亦莫不然，彼固自小之耳……小人之心，既已分隔隘陋矣，而其一体之仁，犹能不昧若此者，是其未动于欲而未蔽于私之时也。及其动于欲，蔽于私，而利害相攻，忿怒相激，则将戕物圮类，无所不为，其甚至有骨肉相残者，而一体之仁亡矣……故夫为大人之学者，亦惟去其私欲之蔽，以自明其明德，复其天地万物一体之本然而已耳。非能于本体之外，而有所增益之也……明明德者，立其天地万物一体之体也；亲民者，达其天地万物一体之用也。故明明德必在于亲民，而亲民乃所以明其明德也。(《大学问》)

钱德洪云："《大学问》者，师门之教典也。"(《王文成公全书》卷二十六) 明德即"天地万物一体之本然"；"明明德必在于亲民，而亲民乃所以明其明德"。此即以"爱之事业"达到万物一体之境界之意也。

八

总观以上所引程、朱及王阳明之言，则此诸哲学家皆以为：(一) 天地万物，本来一体；(二) 人以有私，故本来之一体，乃有间隔而生出物我之对待；(三) 吾人须克己去私，以复天地万物一体之境界。朱晦庵、王阳明为宋、明哲学二大派之中坚人物，而其所见在大体上，竟相同如此。总之宋、明诸哲学家，皆以神秘主义底境界为最高境界，而以达到此境界为个人修养之最高成就。所谓程朱、陆王之争论，特在其对于"格物"之解释。朱晦庵之欲尽格天下之物，诚未可厚非，但以之为达到神秘主义底境界之方法，则未见其可。朱晦庵云：

盖人心之灵，莫不有知；而天下之物，莫不有理。惟于理有未穷，故其知有不尽也。是以大学始教，必使学者即凡天下之物，莫不因其已知之理而益穷之，以求至乎其极。至于用力之久，而一旦豁然贯通

焉，则众物之表里精粗无不到，而吾心之全体大用无不明矣。(《大学章句》)

姑无论神秘主义底境界为何，但以智识底知识求之，实乃南辕北辙。道家且以取消智识底知识，为达到神秘主义底境界之方法，可知二者之相矛盾矣。总之，智识底知识与神秘主义，乃在两个绝不相干底世界之中。朱子亦不能言格尽天下之物如何能转到万物一体之境界，特以"而一旦"三字为过渡，亦勉强极矣。陆象山以"支离"诋之。就此点言，则诚支离矣。若但就以上所引朱子之言观之，则大体与陆王之说无异也。

佛教和佛学的主题——神不灭论的哲学意义

恩格斯说："全部哲学，特别是近代哲学的重大的基本问题，是思维对存在的关系问题。在远古时代，人们还完全不知道自己身体的构造，并且受梦中景象的影响，于是就产生一种观念：他们的思维和感觉不是他们身体的活动，而是一种独特的、寓于人的身体之中而在人死亡后就离开这个身体的灵魂的活动。从这个时候起，人们就不得不思考这种灵魂对外部世界的关系。既然灵魂在人死时离开肉体而继续活着，那么就没有任何理由去设想它本身还会死亡；这样就产生了灵魂不死的观念。这种观念，在那个发展阶段上决不是一种安慰，而是一种不可抗拒的命运，并且往往是一种真正的不幸，例如在希腊人那里就是这样。"

恩格斯指出：这种灵魂对外部世界的关系的问题，经过发展，就成为全部哲学的最高问题，思维对存在，精神对自然界的关系问题。"哲学家依照他们如何回答这个问题而分成了两大阵营。凡是断定精神对自然界说来是本原的……组成唯心主义的阵营。凡是认为自然界是本原的，则属于唯物主义的各种学派。"（《费尔巴哈与德国古典哲学的终结》，恩格斯，第2节，《马克思恩格斯选集》第4卷）

恩格斯所说的哲学发展的线索，在佛教和佛学中得到充分的说明。佛教是个宗教，佛学是作为佛教理论基础的唯心主义哲学体系。佛学接触到哲学各方面的主要问题，但是其中心的主题是灵魂与自然界关系的问题。它认为，个人的精神不死，自然界是个人精神派生的，这是佛学的主题，也是佛教的根本教义。佛学是为佛教服务的。

有些人认为佛学并不主张灵魂不死。他们说，一般人所谓灵魂，这就是鬼，鬼的声音笑貌，以及所穿的服装，都和他生前完全一样。佛学不承认有鬼。佛学是灭鬼论。佛学只是说，一个人在他的身体死亡以后，还有"中阴"继续存在，由这一生转入来生。

这种辩护，没有什么意义。认为有某种精神实体，在一个人的身体死亡以后，还继续存在，这就是主张灵魂不灭，个人不死。至于这个实体究竟是个什么样子，或叫它什么名字，是无关宏旨的。

照佛教和佛学说，个人不死是一种不可抗拒的命运，是一种真正的不幸。正是因为人身体死亡以后还有某种精神实体继续存在，所以才有生死轮回。这是人生的一切痛苦的根源。佛教和佛学就是要抗拒这种不可抗拒的命运，要把人从生死轮回的苦海中拯救出来，把他们渡到"彼岸"，在"彼岸"中可以得到一个极乐世界。但是，就根本上说，佛教和佛学还是认为个人不死、灵魂不灭是一种幸事。如果人的身体死亡以后，没有精神实体继续存在，那也就没有什么极乐世界可说的了。

灵魂不灭这个理论，用中国哲学的传统话说，就是神不灭论。唯物主义认为身死神灭，主张神灭论。唯心主义认为形死神不灭，主张神不灭论。佛教和佛学来到中国，加强了神不灭论的阵营。宣扬佛教和佛学的人，都极力宣扬神不灭论，因为这是佛教和佛学的中心命题和根本原则。当时唯物主义的思想家也针对着佛教和佛学的这个中心问题、高举神灭论的大旗，对佛教和佛学进行批判和斗争。

慧远关于神不灭论的辩论

慧远本姓贾，雁门楼烦人。早年跟着当时的佛教和佛学的一个大人物道安，在北方学习佛学。后来到南方，在庐山组织了一些信仰佛教的人，成为一个佛教和佛学的团体，在当时的政治上和社会上很有影响。

佛教和佛学本来都是为当时的门阀士族的统治服务的，当时的佛教徒，也同当时的门阀士族有广泛密切的联系，逐渐成为地主阶级中的一个重要阶层。僧侣地主这个阶层，同世俗地主在互相联系之中，也有矛盾。随着

读书篇

佛教的传播，这种矛盾在政治上也反映出来。

这个反映，首先表现在关于和尚与皇帝之间的礼节上的争论。晋成帝时，在代表世俗地主阶级门阀士族内，如庾冰和桓玄，主张和尚们见皇帝应该行跪拜之礼。当时信奉佛教的人何充等认为，和尚见皇帝不必行跪拜之礼。这两派争论很激烈。这个争论用当时的话说，叫沙门敬事王者或沙门不敬事王者。桓玄给当时朝中拥护佛教的人的信中说：

> 老子同王侯于三大，原其所重，皆在于资生通运，岂独以圣人在位而比称二仪哉？将以天地之大德曰生，通生理物，存乎王者。敬尊其神器，而礼实惟隆。岂是虚相崇重，义存君御而已哉？沙门之所以生生资存，亦日用于理命，岂有受其德而遗其礼，沾其惠而废其敬哉？既理所不容，亦情所不安。(《与八座论沙门敬事书》，《弘明集》卷十二)

意思就是说：老子说天大地大、王亦大，把王与天地相比。这并不只是因为王的地位的崇高。这是因为，在王的治理下，万物都能够发展运行，这就叫"通运"，老百姓也依赖此生活，这就叫"资生"。王者的作用，概括起来说，就是"通生理物"。所有的人都要尊敬王者，对他行最高的敬礼，这并不仅是一种形式上的礼节。和尚们也要生活，他们生活也要依赖于王者。他们也受到王者的德惠，所以对于王者也要行最高的敬礼。如其不然，那就在道理上讲不通，在人情上也说不过去。

桓玄在这里从自然和社会两方面吹捧封建统治者的作用。照他说，从自然方面说，封建统治者的作用，是通运和理物；从社会方面说，统治者的作用是维持封建社会的秩序，是使民屈服于封建制度之下，以便于封建剥削者过剥削的生活。桓玄所说的通运理物，完全是虚构臆造。他所说的资生，所指的也是封建地主的生。他把"谁养活谁"的问题说颠倒了。照他说，不是劳动人民养活地主及其代表封建统治者，而是这些剥削、寄生者养活劳动人民。他在这里讲这些话，是给僧侣地主一种警告。

意思也就是说，僧侣地主不能和世俗地主平起平坐。封建的社会秩序毕竟是世俗地主维持的。僧侣地主受世俗地主的保护，所以应该感谢世俗地主的恩德，不应该同世俗地主有矛盾。

桓玄把这封信，抄出给慧远看。慧远回信说：

> 佛经所明，凡有二科：一者处俗弘教，二者出家修道。处俗则奉上之礼，尊亲之敬，忠孝之义，表于经文，在三之训，彰乎圣典。斯与王制同命，有若符契……出家则是方外之宾，迹绝于物。其为教也，达患累缘于有身，不存身以息患，知生生由于禀化，不顺化以求宗。求宗不由于顺化，故不重运通之资，息患不由于存身，故不贵厚生之益。此理之与世乖，道之与俗反者也。

意思就是说，佛教的信徒分为两种，一种是在家的，一种是出家的。在家的信徒，也是顺从长上尊敬父母，实行忠孝，所谓"在三"，三是父、师、君。这与封建道德完全相同。至于出家的信徒，那是另一回事。他的出发点完全跟世俗人不同。他知道，人所以有各种痛苦是由于人有身体，所以要从根本上免除痛苦，就得不要身体。他知道，人所以有生是随着自然的变化，所以要得到最高的真理，就得违反自然的变化。他要违反自然的变化，所以他就不需要使用万物，因此也就不依赖王者的"运通"。他不保存身体，所以也不依赖王者的"资生"。

慧远的这几句话概括地说明了佛教的一个要点。他承认事物的生灭以及人的生死，都是事物变化的正常的程序，顺这个程序就是顺化。可是佛教要叫人超出生死，这就不是顺化，而是逆化。所以出家人的生活都是逆化。

慧远又说：佛教的目的，是要拯救众生，离苦海，登彼岸。"是故内乖天属之重而不违其孝，外阙奉主之恭而不失其敬……如令一夫全德，则道洽六亲，泽流天下。虽不处王侯之位，固已协契皇极，大庇生民矣。如此岂坐受其德虚沾其惠，与夫尸禄之贤同其素餐者哉"。（《答桓太尉书》，《弘明集》卷十二）

读书篇

意思就是说，一个出家人能够成佛，许多人都可以跟着得到好处，所以归根到底出家人也还是不违背忠孝之道，也还是作了于统治阶级有益的事情，并不是坐吃白饭。

桓玄接受了慧远和其他人的劝告，不强迫和尚们向皇帝行跪拜之礼。但是他认为当时和尚之中，良莠不齐。于是他又下令沙汰僧众。他的命令之中说：

> 可见佛所贵无为，殷勤在于绝欲，而比者陵迟，遂失斯道。京师竞其奢淫，荣观纷于朝市。天府以之倾匮，名器为之秽黩。避役钟于百里，逋逃盈于寺庙。乃至一县数千猥成屯落。邑聚游食之群，境积不羁之众。其所以伤治害政，尘滓佛教，固已彼此俱弊，实污风轨矣。（《与僚属沙汰僧众教》，《弘明集》卷十二）

于是他下令，凡是不合格的和尚，勒令还俗。桓玄的这个命令说明世俗地主同僧侣地主的矛盾，主要是争取财政收入，争取劳动力，争取对于劳动人民的控制。

慧远又给桓玄一封信，讨论这个问题。慧远承认，和尚之中是有像桓玄所说的那种情况。他也不反对沙汰。但是他说：若有族姓子弟，本非役门的人要求出家，希望桓玄能满足他们的愿望。这里所说的族姓子弟，就是地主阶级，特别是门阀士族的子弟。所谓役门，就是劳动人民。慧远表示可以不要劳动人民出家。意思就是说，僧侣地主可以不同世俗地主争夺劳动力。这是僧侣地主向世俗地主所作的让步。

慧远又作了五篇论文，总名为《沙门不敬王者论》，补充给桓玄信里面所说的那些意思。第一篇的题目是《在家》。他补充说，佛教的信徒，不仅自己行忠孝之道，而且"以罪对为刑罚。使惧而后慎，以天堂为爵赏，使悦而后动"。就是说，他们的天堂、地狱的虚构，引诱恐吓人民，使他们遵守封建道德。慧远接着说："斯乃佛教之所以重资生助王化于治道者也。"就是说，就在家的信徒说，佛教也是重"资生"，并且对于封建统治阶级的教化和政治，有很大的帮助。

第二篇的题目是《出家》，在这一篇中慧远又提出"不顺化以求宗"这个主题。第三篇的题目是《求宗不顺化》，对于这个主题作进一步的解释。论中说：

> 凡在有方，同禀生于大化。虽群品万殊，精粗异贯，统极而言，唯有灵与无灵耳。有灵则有情于化，无灵则无情于化。无情于化，化毕而生尽，生不由情，故形朽而化灭。有情于化，感物而动，动必以情，故其生不绝。其生不绝，则其化弥广而形弥积，情弥滞而累弥深，其为患也，焉可胜言哉？

> 是故反本求宗者，不以生累其神；超落尘封者，不以情累其生。不以情累其生，则生可灭；不以生累其神，则神可冥。冥神绝境，故谓之泥洹（涅槃）。泥洹之名，岂虚称也哉？

> 请推而实之：天地虽以生生为大，而未能令生者不死；王侯虽以存存为功，而未能令存者无患。是故前论云"达患累缘于有身，不存身以息患；知生生由于禀化，不顺化以求宗"，义存于此。义存于此，斯沙门之所以抗礼万乘，高尚其事，不爵王侯而沾其惠者也。

意思就是说，宇宙间的事物，虽然种类繁多，但可以分为两大类，一类是有知识情感的，一类是没有知识情感的。没有知识情感的事物，对于它的存在没有贪爱执著。不从心里抓住不放，粘住不舍，所以它的存在到了完毕的时候，就不存在了。有知识情感的事物，对于他的存在有贪爱执著，人就是这个样子。所以他的生命是不会灭绝的，他的这一生完了还要有另一生。他的这个身体坏了，还要另外有一个身体。这样他就永远在生死轮回之中，受无边的苦。这是顺化的结果。佛教的信徒，不要顺化而要反本。他要超脱身体的限制，不以生死累他的精神，不以贪爱执著累他的生活。这样，他就可以达到无生。无生并不是断灭，而是超脱了生死轮回的那一种永生。无生也就是永生。在永生中，情神超出了一切分别，主要的是主观（神）客观（境）的分别。超出了这些分别，就是冥神绝境。这种境界就是涅槃。天地虽然能生万物，但是不能使生者不死；统治者虽然能叫老百姓生存下去，但是不能使他们没有痛苦。可是佛教能使人从根本上解除痛苦，得到永生。所以佛教的作用，比天地王侯的作用还大。

第四篇题目是《体极不兼应》，这篇主题是：

> 道法之与名教，如来之与尧、孔，发致虽殊，潜相影响。出处诚异，终期则同。

意思就是说，佛法同封建名教，如来佛同封建的圣人，尧和孔子，出发点虽不同，可是互相呼应。有的出家，有的在家，虽然有差别，但是最后的目的是相同的。论中说：佛虽然超出生死，但是还可以出入生死。在他出入生死的时候，他可以见身为帝王，为将相，这是"先合而后乖"。这样说起来，帝王将相也都是佛的见身。这又是"先乖而后合"。所以按"先合而后乖"说，释迦和尧、孔是有所不同的。按"先乖而后合"说，释迦和尧、孔都是"体极"。就是说，他们都是最高真理的体现，不过表现的形式有所不同。

《沙门不敬王者论》的第五篇题目是《形尽神不灭》。在这一篇中，慧远提出了佛教和佛学的主题。这一篇先提出了一个疑难说：

> 夫禀气极于一生，生尽则消液而同无。神虽妙物，故是阴阳之所化耳。既化而为生，又化而为死。既聚而为始，又散而为终。因此而推，固知神形俱化，原无异统。精粗一气，始终同宅。宅全则气聚而有灵，宅毁则气散而照灭。散则反所受于天本，灭则复归于无物。反覆终穷，皆自然之数耳。孰为之哉？若令本异，则异气数合，合则同化。亦为神之处形，犹火之在木。其生必存，其毁必灭。形离则神散而罔寄，木朽则火寂而靡托。理之然矣。假使同异之分，昧而难明。有无之说，必存乎聚散。聚散气变之总名，万化之生灭……至理极于

一生。生尽不（当作则）化，义可寻也。

这个疑难，其实就是玄学对于生死问题的看法。玄学和佛学都是唯心主义，但是，专就生死这个问题说，玄学和佛学的看法又有不同。玄学认为，人的生死就是气的聚散，气聚则为生，气散则为死。精神和形体精粗不同，但都是一气。气散形神都灭，都不存在。即使形和神本来是不同的东西，但是形和神的关系也如同火和燃料的关系。神托于形，也就如火托于燃料。燃料烧完了，火也就灭了。形坏了，神也就灭了。如果形神究竟是一是异这个问题一时还不能解决，但总可以说它们的存在和不存在，就是气的聚散。所谓万物的生灭也就是气的聚散。总之所谓生死，只是就一生而论，这一生完了，一切都没有了。

慧远回答说：

> 神也者，圆应无生，妙尽无名，感物而动，假数而行。感物而非物，故物化而不灭；假数而非数，故数尽而不穷。

意思就是说，神是无名无相的。所谓"感"即指感召和感受的意思。神的活动感召物（一切都是心造），而同时又受外物的感动。所谓"数"，即指有规律的意思，神的活动，也借助于某种规律。神虽然感召物，也受物的感动，但它本身并不是物，所以物虽然不存在了，而神仍然存在。他假借某种规律，但它本身不是规律，因此规律虽然完了，它还是没有完。

慧远接着说：

> 火之传于薪，犹神之传于形，火之传异薪，犹神之传异形。前薪非后薪，则知指穷之术妙；前形非后形，则悟情数之感深。惑者见形朽于一生，便以谓神情俱丧，犹睹火穷于一木，谓终期都尽耳。此由从养生之谈，非远寻其类者也。

意思就是说，薪火这个比喻，不但不能证明形死神灭，而且正可以证明形死神不灭。薪传火就如同形传神。不同的燃料传同一的火，就如同不同的形体传同一的神。就是那一个火，不同的燃料把它传下去；就如同就是那一个神，不同的形把它传下去。前边的燃料不是后边的燃料，由烧火的人把后边的燃料继续添上去；前边的形不是后边的形，由精神的感召把后形继续下来。不了解的人，看见人的形在一生之中就坏了，因此就认为神也跟着灭了。这就如同看见一块木头烧完了，便认为火也必定灭了。这显然是错误的。这是讲养生的人的说法。这些人所要养的，就是这一生的形，不知道这一类事情的根本道理。

慧远的最末一句话，是指道教的道士们说的。道教讲究修炼吃药，企图保养这个身体，使之长生。佛教不讲长生，而讲无生。无生就是超脱生死的永生。这种永生的前提是灵魂不死，神不灭。这是道教和佛教的根本不同。这两种说法，无论长生和无生，都是唯心主义臆造，都是虚构。人的精神是人的身体所发生的作用。无论什么东西，有成就有坏，人的身体也是如此。身体坏了就是死，没有不坏的身体，所以长生是虚妄的，是不可能的。身体死了，不能发生作用了，精神也就没有了，所谓永生也是不可能的。

慧远又说：

火木之喻，原自圣典。

这个"圣典"指鸠摩罗什所译，龙树所作的《中论》。在这个著作中，有《燃可燃品》。"燃是火，可燃是薪"。《中论》用诡辩证明燃和可燃是"非一非异，既不是一，也不是不一，意思是说它还是一。慧远认为，这就是说的薪尽火不灭。本来薪火之喻，是桓谭用以说明形尽神灭的。比喻有一定的限制，是可以两面说的，后来的佛学家反过来用以说明形尽神不灭。僧佑所编的《弘明集》把桓谭的薪火之喻也收进去了，并且注说：

君山未闻释氏之教，至薪火之譬，乃暗与之会。(《弘明集》卷五)

僧佑误署为"晋桓谭"，应作"汉桓谭"。这个混乱，一直到范缜才讲清楚。

慧远在《沙门不敬王者论》中宣扬了佛教的根本原则神不灭论，还向世俗地主表功，说佛教对于维护封建主义的道德原则、社会秩序有很大的帮助。这一点倒是实话。慧远又吹捧封建社会的帝王将相，说他们都是佛的化身，这是荒唐可笑的。后来的帝王将相也都自以为是如此。清朝的最后一个皇太后，不也说自己是老佛爷吗？可是在人民中间，有谁信它呢？

神不灭论，是佛教和佛学的理论前提，从这个虚构的前提出发，又虚构了因果报应的理论。慧远作《明报应论》，宣扬这个虚构的理论。他说：

夫因缘之所感，变化之所生，岂不由其道哉？无明为惑网之渊，贪爱为众累之府。二理俱游，冥为神用，吉凶悔吝，唯此之动。无明掩其照，故情想凝滞于外物；贪爱流其性，故四大结而成形。形结则彼我有封，情滞则善恶有主。有封于彼我，则私其身而身不忘；有主于善恶，则恋其生而生不绝。于是甘寝大梦，昏于同迷；抱疑长夜，所存唯著。是故失得相推，祸福相袭。恶积而天殃自至，罪成则地狱斯罚。此乃必然之数，无所容疑矣。何者？会之有本，则理自冥对；兆之虽微，势极则发。是故心以善恶为形声，报以罪福为影响。本以情感而应自来，岂有幽司？由御失（二字疑有误）其道也？然则罪福之应，唯其所感。感之而然，故谓之自然。自然者，即我之影响耳。于夫主宰，复何功哉？(《弘明集》卷五)

意思就是说，因缘变化有个道理。"无明"是一切迷惑的根本，贪爱是一切痛苦的来源。所谓"无明"就是没有明，就是不觉。"无明'就是神的不觉的状态。因为不觉所以误认为外界的事物都是实有，不是虚幻。贪爱迷了本性，于是四大（地、水、火、风）就结合起来，成为一个形。有了形，就以形为我，以形以外的东西为彼。彼我就划分了。所做的事情，也就有善有恶。以形为自己所有，总是不忘这个形，留恋这个生。所以这个形坏了以后，就要再有一个形。这一生完了以后，还要再有一个生。这就是生死轮回。好像在一个大梦之中，永远不能醒过来。在这个梦中，作恶就要受殃，有罪就要受罚。这是必然的规律，没有什么可以怀疑的。归根到底都是心所造成的。心的善恶譬如形和声。罪福的报应在道理上讲，业和报是一对。哪怕是很细微的业，如果条件具备，报就要来，譬如影和响。有个什么形，就有个什么影子，有个什么声，就有什么回响，心有什么情感，就有个什么报应，这是自然的道理，并不真是有什么阴间法庭，在那里审判决定。报应就是我的影响，并不是有什么主宰在那里发生作用。

佛教作为一种宗教，宣扬天堂、地狱、阎罗王、阴间法庭等迷信。佛学作为一种哲学，宣扬唯心主义的因果报应论，以替代阴曹地府等迷信。其实也还是一种迷信，不过是用一种精致的说法说出来。照它说，人的活动大概有三种，一种是人的所作所为，这叫身业。第二种是人口里所说的以及笔下所写的，这叫口业。第三种是心里所想的，这叫意业。总而言之，人的每作一个动作，每说一句话，每动一个念头，便都成为业。业是因，有了一种因，就要引起一种果，这个果就是报应。

有些人说佛学这种说法的根据，是因果律，因果律是科学的一个原则，所以佛学也是科学。这完全是胡说。佛学的这种因果律，是从一切都是心造这个唯心主义原则出发的，这跟科学的唯物主义原则是根本相对立的。因此他所说的因果律完全是一种虚构，同科学的因果律也完全是对立的。

也还有些人说，佛教认为没有一个主宰主持报应，像慧远所说的"于夫主宰复何功哉"？这就是否认上帝的存在，否认阴曹地府的存在。这是无神论。这也是胡说。照佛学所讲的每一个佛就是一个神。也可以说，每一个人就是一个神。因为每个人都创造他自己的世界。因此，作为一种哲学说，佛学是主观唯心主义；作为一个宗教说，佛教是多神论。

佛教所讲的因果报应，实际上并不能得到证实。因此，慧远又作《三报论》，以为补充。慧远说：

经说：业有三报，一曰现报，二曰生报，三曰后报。现报者，善恶始于此身，即此身受。生报者，来生便受。后报者，或经二生三生，百生千生，然后乃受。受之无主，必由于心。心无定司，感事而应。应有迟速，故报有先后。先后虽异，咸随所遇而为对。对有强弱，故轻重不同。斯乃自然之赏罚，三报之大略也……又三业殊体，自同有定报。定则时来必受，非祈祷之所移，智力之所免也……世或有积善而殃集，或有凶邪而致庆。此皆现业未就而前行始应。故曰祯祥遇祸，妖孽见福，疑似之嫌，于是乎在。(《弘明集》卷五)

意思就是说，凡是一种业，都要引起报应。但是报应有三种，第一种是在这个作业的人的这一生就受报，这叫现报。第二种是在这个作业的人的将来的一生受报，这叫生报。第三种是在这个作业的人的将来的第二生、第三生，以至第百生、第千生受报。这叫后报。受报的主体，不是别的，就是心。心的活动没有一定。是随着它的感动而引起反应。反应有迟速的差别，所以报也有先后的不同。虽有先后的不同，但都是随着心的感动而有跟它相对的东西。这个相对的东西有强有弱，所以所受的报，有重有轻，这就是自然的赏罚。业有身、口、意，三种为三业。三业有不同之处．但都要受一定的报。报既然定了，时候到了，必定要受。这不是祈求祷告所能转移的，也不是聪明才力所能避免的。在世上，有的人行了许多善事，可是也受了祸。还有些人作了许多恶，可是还是得福，照这种情况看起来，似乎报应之说是可以怀疑的，其实这种情况，是由于有些行善的善业，在这一生中还没有引起得福的后果，而他的前生所作的恶业却在此生中引起了后果。懂得这个道理，就没有什么可以怀疑的了。

中国原有的宗教宣传上帝鬼神的存在；上帝鬼神的主要作用，就是监察人的行为。据说上帝鬼神给所谓"善人"以富贵寿考，给所谓"恶人"以贫贱死亡，这就是所谓"福善祸淫"。

可是事实完全不是如此，因此就引起了进步思想家对于宗教的怀疑，司马迁列举了许多善人受祸的事实，就质问说：

> 天之报施善人，固如是耶？（《史记·伯夷列传》）

对于这一类的问题，慧远在《三报论》中解释说：

> 由世典以一生为限，不明其外。其外未明，故寻理者自毕于视听
> 之内……如今合内外之道以求弘教之情，则知理会之必同，不惑众涂
> 而骇其异。

"世典"指中国原有的书。意思就是说：中国人原来认为一个人的生命限于现在的这一生，不承认于今生之外，还有所谓前生和来生，即"三生"，把因果报应限制在人所能见到或听到的范围之内，因此道理就讲不通了。如果照佛教所讲的那样，知道一个人的行为所应得的报应，不限于在一生中实现，遇有恶人享福，善人受祸，也就没有什么可以觉得奇怪的了。

中国原有的宗教迷信，也不是不说有后报。但是它所说的后报是指，一个人的善恶的报应，如果本身受不到，他的子孙一定受到。这就是《太平经》所说的"或身即坐，或流后生"。一个人的祖先或子孙的情况，也还是可考的。因此这种说法，也还不能自圆其说。佛教讲到一个人的前生和来生，这就毫无可考，任凭瞎说。

佛教和佛学所宣扬的这些迷信，显然是对统治阶级有利的。他们总是既富且贵；被剥削、被统治的人民总是既贫且贱。按照这种迷信的逻辑推下去，剥削的统治阶级中的人，总都是善人；被剥削、被统治的人民总都是恶人。

剥削的统治阶级现在所享受的"福"是他们的前生的"善"所得的"报"，享受是应该的。至于来生的"福"可以拿钱买。佛教要求人"布施"，只要有"布施"，就有"功德"，他的来生的"福"也就可以保证。对于又富又贵的人，这是多么便宜的事情！

所谓善恶也是有阶级性的。佛教所讲的善恶，当然就是地主阶级的善恶。所谓行善的人就要得福，行恶的人就要受祸，就是说地主阶级认为是行善的人归根到底就要得福，认为是作恶的人归根到底总要受祸：这就是用虚构的因果报应维护封建主义道德标准，维护封建主义的社会秩序。

玄学的影响主要的是在知识分子中间；佛教的影响深入人民群众。佛教的"因果报应"是用各种各样的形式进行宣传的。它可以用宗教迷信的比较粗浅的形式，迷惑人民群众，例如天堂、地狱、阎罗王等，也可以用唯心主义哲学的比较精微的形式麻醉知识分子。这样他的影响可以贯穿到各个社会阶级和阶层。因此，它是统治阶级可以利用的一个很有效的麻醉人民和自我麻醉的工具。

道生关于神不灭论的辩论

道生（374？—434年）本姓魏，钜鹿人（今河北巨鹿县人）。寓居彭城。出身于士族家庭。曾到长安跟鸠摩罗什学佛学。后来回到南京，宣扬佛学。他是当时一个有名的和尚，著作很多，但大多数都遗失了。他的佛学理论，重要的有辩佛性义，善不受报义，顿悟成佛义。这些"义"慧远也都讲过。但经过道生的发挥，佛教的多神教和佛学的主观唯心主义的实质，就更加突出、更加明显地暴露出来。

道生所根据的佛教经典是《涅槃经》。当时的一个和尚慧睿（《高僧传》卷七有传）所作的《喻疑论》中说：

> 此经云：泥洹不灭，佛有真我。一切众生，皆有佛性。皆有佛性，学得成佛。佛有真我，故圣镜持宗，而为众圣中王。泥洹永存，为应照之本。大化不泯，真本存焉。（《出三藏记集》卷五）

意思就是说，宇宙的变化有个真正的根本，这个"真本"，也就是佛的"真我"。这个"真我"虽在涅槃中也是不灭的。这个意思，明确地说明了佛学的主观唯心主义本质。这个"真我"，就是"佛性"，也称为"法性"。一切众生，皆有佛性，就是说，一切众生都有"真我"。这个真我又都是宇宙变化的真本。这个意思明确地说明了佛教的多神论的本质。

慧睿的这一段话是讲《涅槃经》的，也概括了道生所讲的佛学的要点。《喻疑论》中又说，当鸠摩罗什在世的时候，他曾经提出问题说：

> 佛之真主，亦复虚妄，积功累德，谁为不惑之本？或时有言，佛若虚妄，谁为真者？若是虚妄，积功累德，谁为其主？

这两个问题就是说，佛从迷惑中觉悟过来，如果没有一个真我，是谁在那里觉悟呢？佛积功累德，如果没有一个真我，谁是功德的主体？这些问题的意思，也就是姚兴所提出的问题，"若无圣人，知无者谁？"慧睿说，当时《涅槃经》还没有到中国来，鸠摩罗什对于这些问题，也都没有作明确的答复。有了《涅槃经》这些问题都解决了。

《维摩经》说：

> 于我无我而不二，是无我义。

僧肇注说：

> 小乘以封我为累，故尊于无我。无我既尊，则于我为二。大乘是非齐旨，二者不殊，为无我义也。道生注说："无我本无死生中我，非不有佛性我也。"（《维摩经》注）

僧肇的意思是说，佛法分大乘小乘。小乘认为，我是一种累，所以讲无我。这样讲，我和无我，就对立起来，成为对立的二。大乘是要取消对立，认为有我固然不对，把无我和我对立起来，也是不对。取消这种对立，才是真无我。道生的意思是说，佛既然超出生死，他当然没有生死中的那个我。但这并不是说，他没有佛性我。道生的这个意思，就是"涅槃不灭，佛有真我"的意思。

上面讲过，僧肇的《涅槃无名论》，本来是回答姚兴所提的问题，也就是主张"涅槃不灭，佛有真我"。不过他没有像道生那样明确地说。这是因为，僧肇所讲的是佛教史家所谓般若学，以佛教经典中的《般若经》为主。道生所讲的是佛教史家所谓涅槃学，以《涅槃经》为主。这两派的根本主张，并没有不同，但是所用以表达的方法则有差别。般若学所用的方法，是佛学所谓"遮诠"。涅槃学所有的方法，是佛学所谓"表诠"。"遮诠"，着重讲佛学的最高原则不是什么，而只绕弯子暗示它是什么。"表诠"则直截了当地说它是什么。上面所引的僧肇和道生的两条关于"无我"的注解，就可以说明这个不同。

慧远作的《法性论》说：

> 至极以不变为性，得性以体极为宗。（全文已佚，据《高僧传》卷五本传引）

慧远又说：

> 无性之性，谓之法性。法性无性，因缘以之生。生缘无自相，虽有而常无。常无非绝有，犹火传而不息。（《大智论钞序》，《出三藏记集》卷十）

意思就是说，法性不能有什么性，如果有什么性，它就成为一般事物而不称其为法性了。可是也未尝不可以说，这个无性就是它的性，所以这个法性是无性之性。这个无性之性不是一般事物，所以不能称为有。但是，它是不灭的，就好像火一样，虽然燃料经常变化，火是一直传下来。照慧远所说的法性还有一个性，就是不变。"至极以不变为性"，这个"至极"就是法性。"得道以体极为宗"，就是说，把法性完全体现出来，这是最高原则，就是所谓"宗"。

　　道生的辩佛性义，大概也是这样的意思。他跟慧远的不同，大概在于讲"佛性我"，佛性就是法性。可是慧远没有明确提出这个"我"字，而道生则明确地提出来。

　　道生还明确地说，每个人都有法性。他说：

> 一切众生莫不是佛，亦皆涅槃。（《法华经疏》）

　　佛教所说的"众生"指一切有情即一切有感觉的东西，包括动物在内。说一切众生都是佛，就是说，它们都有佛性，佛性就是法性。道生由此推论，认为"一阐提人"也有佛性，皆得成佛。"一阐提人"就是不信因果报应，断绝"善根"，极恶的人。他说：

> 禀气二仪者，皆是涅槃正因。三界受生，盖唯惑果。阐提是含生之类，何得独无佛性？盖此经度未尽耳。（《一乘佛性慧日钞》，日本沙门宗撰，引自《名僧传》）

　　他所说的"此"经，就是六卷本《涅槃经》，其中没有一阐提人皆得成佛这个说法，所以当时很多佛教信徒都不以道生为然。后来大本《涅槃经》翻译过来，其中果然有这个说法。

　　道生还明确地说，佛性或法性是人本来就有的，当时关于这个问题有两种说法。一种认为佛性是人本来就有的。另一种认为佛性不是本有，而是始有。就是说，佛性是人"修行"的结果，经过"修行"才开始有。道生有一篇著作，题目是《佛性当有论》。这篇著作，也遗失了。照题目看，当有这个"当"字是当来的意思。照题目看，道生似乎认为佛性不是本有，而是始有。可是，从道生整个哲学体系看，他不可能主张始有。如果佛性是始有，"一阐提人"，不可能有佛性了。道生的这篇文章，大概不是主张"佛性当有"，而是对于"佛性当有"这个问题进行讨论。他对于这个问题的主张应该是如他在《涅槃经义疏》所说的那样。他说：

> 苟能涉求，便反迷归极，归极得本。而似始起，始则必终，常之
> 以昧。若寻其趣，乃是我始会之，非照今有。有不在今，则是莫先为
> 大。既云大矣，所以为常。常必灭累，复曰般泥洹也。（《涅槃经》集
> 解卷一）

这一段话中有几句话不甚可解，但大概的意思是清楚的。就是说，众
生都是在"迷"中，如果能从"迷"中返回来，就可以"归极"，"归极"
就是"得本"。这个"极"和"本"就是佛性或法性，称之为本。"归极"
称"归"，就说明道生认为佛性或法性是本有的。"归"了以后，法性的作
用才完全发挥出来。因此从表面上看，法性似乎是始起。道生认为，始起
是讲不通的。因为有始就有终，如果法性有始终，它就不是常了。所以法
性是本有，但就我对于法性的认识和体会说，我的认识和体会是始有，比
如说我今天认识了法性，这并不等于我今天才有法性。法性应该是"莫
先"，就是说，没有什么东西在它之先。这就是说，它是无始的，既然无
始，也就无终，所以是常。但是就"修行"这方面说还是要经过"修行"
才能"得本"。"得本"即般涅槃。

道生的这段话，主要是说法性是本有的，但就人的修行这方面说，法
性似乎是始起。就是说，这只是一种表面上的现象。这是对于法性似乎是
始起这种现象的解释，也是对于法性始起这种说法的一种批判。

道生的一切众生皆有佛性的说法，是对一般人都发一张"廉价的天堂
入门券"，同时也是佛教的多神教的本质的完全暴露。他的佛性本有的说法
是他的先验论的根据。

道生关于"善不受报"义的论述，现在都遗失了，不过慧远在《明报
应论》也有类似的意思，可以借为说明。

慧远在《明报应论》中说：

读书篇

推夫四大之性，以明受形之本。则假于异物，托为同体，生若遗尘，起灭一化。此则慧观之所入，智忍之所游也。于是乘去来之自运，虽聚散而非我，寓群形于大梦，实处有而同无，岂复有封于所受，有系于所恋哉？若斯理自得于心，而外物未悟，则悲独善之无功，感先觉而兴怀。于是思弘道以明训，故仁恕之德存焉。若彼我同得，心无两对，游刃则泯一玄观，交兵则莫逆相遇，伤之岂唯无害于神，固亦无生可杀。此则文殊案剑，迹逆而道顺，虽复终日挥戈，措刃无地矣。若然者，方将托鼓舞以尽神，运干鍼而成化，虽功被犹无赏，何罪罚之有邪？

意思就是说，人的形是地、水、火、风，四大结合而成。人的神借助于异己的东西，和它们暂时成为一体。这个形有生有灭，但是它的生灭，在有智慧的人看起来，跟神没有什么关系，就好像身外的灰尘一样，来由它来，去由它去，或聚或散，都于我没有什么影响。他寄寓于形，好像是在梦中，可是他知道他是在梦中。这样的人，虽然在"有"之中。可是与"无"相同。这样的人并不为他的形所局限，也不留恋他的形，不但他自己得到这个"理"，而且还要使别人也懂得这个"理"，要宣传这个理。这就是这样的人的"仁恕之德"。对于这样的人说，"彼"和"我"的分别就没有了。在他的心中，没有"彼""我"的对立。这就是"泯一玄观"。他即使拿刀动枪，对于他的"泯一玄观"也没有妨碍。他的身体受伤了，对于他的神，也不会有什么影响。他即使杀害别人的身体，也不是杀生，实际上也是"无生可杀"。譬如文殊菩萨，拿着宝剑，表面上看起来好像是违反佛法，实际上并不违反。这样的人可以教化天下的人，虽然功被天下，也不赏，更不用说罪罚了。这个意思，大概也就是道生所讲的"善不受报"的意思。

后来的禅宗，常说"终日吃饭，却不曾咬著一粒米，终日穿衣，却不曾挂着一缕丝"，也就是这个意思。照佛学所讲的一切都由心造，如果能够出以无心，那就成为不"业"。既然成为不业，所以也不引起报应。人的这一生是前生的业所引起的。等到前生的业的势力尽了，这一生也就完结了。因为这一生没有"业"，所以也就没有来生了，虽然没有来生，但是他的"法性"仍然存在，他的法性，才真是他自己。这就叫"涅槃不灭，佛有真我"。

照佛教的教义，杀生是最大的恶业，可是，照慧远在这里所讲的，只要出以无心，杀生也可以不受报。这就为当时的门阀士族统治阶级大开方便之门，给他们开了一张"廉价的天堂入门券"。

道生的关于"顿悟成佛"义的论述，现在也都遗失了，它的主要的意思，见于谢灵运的《辩宗论》（《广弘明集》卷十八）。谢灵运是当时的一个佛学家，又是一个诗人，《辩宗论》的这个"宗"字，就是慧远所说的"得性以体极为宗"的那个"宗"。《辩宗论》中说：

新论道士以为寂鉴微妙，不容阶级，积学无限，何为自绝？

这里所说的新论道士就是道生。道生大概有一篇《顿悟成佛论》，就是这里所说的"新论"。"以为"以下十六个字，就是"新论"的要点。所谓"寂鉴"，就是慧远所说的"体极"。也就是涅槃。得到涅槃要靠悟。悟必须是"顿悟"，一下子完全地通了。或者就是不悟，没有一点一滴的渐悟，因为所谓"极"是整个的，不可能把它分开来，一步一步地"悟"，这就是所谓"不容阶级"。可是在悟以前，还须要"学"，学是靠积累来的。这个积累是无限的，不能讲"绝学"。学的主要内容，就是学教，"教"就是佛教。这是道生的"新论"的主要意思。

谢灵运对于这个"新论"极为佩服，认为这是综合释迦牟尼和孔子两家的长处，而去其短处。照他说，释迦的长处是注重"积学"，其短处是主张渐悟。孔子的长处是着重顿悟，其短处是不讲积学。谢灵运认为，这是由于华人和夷人的能力有所不同。作为一个和尚，道生大概不会同意这一点。但是他对于谢灵运的《辩宗论》是赞成和支持的。

当时有些人不同意谢灵运的主张，同他辩论。其中有一个人，王弘，

读书篇

把《辩宗论》送给道生看，道生给王弘一封回信，信中说：

> 究寻谢永嘉（谢灵运作永嘉太守）论，都无间然……以为苟若不
> 知，焉能有信？然则由教而信，非不知也。但资彼之知，理在我表。
> 资彼可以至我，庸得无功于日进？未是我知，何由有分于入照？岂不
> 以见理于外，非复全昧。知不自中，未为能照耶？（《答王卫军书》，
> 《广弘明集》卷十八）。

意思是说，他对于谢灵运的《辩宗论》没有不同的意见。他认为学佛
教可以得到一种信仰，这种信仰也是一种知。学得越多，信仰越坚，知也
增加，但是这种知是从学佛教得来。佛教是“彼”不是“我”，靠“彼”而
知的“理”是在我之外。靠彼可以到我，所以学也有“日进之功”。但是，
这个知，是从外来的，不是从“我”发出来的。所以这种知对于入照还是
没有份的。入照就是涅槃。“学”的作用能够使人见“理”，虽然所见的理
是在外的，但同完全无知还是不同的。由学所得的知，不是由内发出来的，
所以同涅槃的“照”，也还是不同的。要想得到涅槃的“照”，还要靠悟。
悟必须是顿悟，不可能有渐悟。顿悟所以可能，是因为一切众生都有佛性。
佛性是本来有的。学的作用，只是一种帮助，一种启发。有了这种帮助和
启发，原有的佛性，就能够发挥其应有的作用。这个作用，就是“鉴照”。

顿悟论是一种彻底的先验论，这是很明显的。同悟相对的学，同顿悟
相对的渐悟，也都是先验论。关于这些方面的辩论，谢灵运的《辩宗沦》
中讲得很多。这些都是关于方法上的辩论，是先验论的内部的辩沦。他们
的出发点是一致的，所辩论的不过是一些方法上的问题。他们的出发点是
一种虚构，因此这些辩论也只能同样都是空中楼阁。

慧远的《三报论》的末一段说：

> 推此以观，则知有方外之宾，服膺妙法，洗心玄门，一诣之感，超
> 登上位，如斯伦匹，宿殃虽积，功不在治，理自安消，非三报之所及。

慧远在这里所说的有"顿悟成佛"义，也有"善不受报"义。他所说的"方外之宾"，就是出家修行的佛教徒。"服膺妙法，洗心玄门"，就是积学。他所说的"一诣之感，超登上位"，就是顿悟。顿悟之后，虽然过去有恶业，也会自然消除。照他所说的，有一些人经过修行，一念通了，一下子就可以成佛。即使前生积了恶业，也会一然就会消灭。这种人是不在三报的范围之内。后来禅宗所讲的"放下屠刀，立地成佛"，就是这个意思。

这些"义"归总起来都是以神不灭为前提，又翻过来为神不灭所论证。有些人说，把佛教的教义同中国传统哲学中的神不灭论联系起来，这是一种误解。因为中国传统哲学中所讲的神不灭是灵魂不灭，是有鬼论。佛教和佛学所讲的"不灭"，是法性不灭。法性不是灵魂也不是鬼。

我们在前边已经说过，这些辩解没有什么意义。无论怎样说，佛教和佛学总是坚持有个精神的实体，在人的身体死亡以后，继续存在下去。至于叫它作什么，那是没有很大关系的。东晋、南北朝时期，拥护佛教和佛学的人，都坚持神不灭。这是抓着了佛教和佛学的要点。反对佛教和佛学的人都用神灭论反对神不灭论，这是打中佛教和佛学的要害。

刘宋时期，有个信佛教的人宗炳，作了一篇《明佛论》。论中说：佛教和佛学主张"精神不灭，人可成佛。心作万有，诸法皆空。宿缘绵邈，亿劫乃报"。宗炳的这几句话，概括了佛教和佛学的要点。他的《明佛论》一名《神不灭论》。可见他的意思是，明佛就是明神不灭。

说到这里，就有一个问题。既然佛性或法性是人心中本来就有的，为什么又要"积学"、"顿悟"，才能恢复它的原有的作用？慧远在《明报应论》中说：

无明为惑网之渊……无明掩其照，故情想凝滞于外物。

道生也说：

三界受生盖惟惑果。

无明和法性，法性和外物，"智"和"惑"，究竟是什么样的关系，这些问题，梁武帝在他的《立神明成佛义记》中作了扼要的回答。

梁武帝关于神不灭论的辩论

梁武帝萧衍（死于 549 年），信佛教，他当了皇帝，同时又想成佛，曾经几次到佛寺里亲自讲经，宣扬佛法。并且几次把自己舍身到佛寺里为奴，但是同时又叫大臣们用钱去把他赎出来，仍当皇帝，这些荒谬可笑的把戏，把他自己装扮成为一个佛教的忠实信徒。他也立一个关于神不灭的"义"，叫"神明成佛义"。他写了一篇文章，题目是《立神明成佛义记》，成为当时神不灭论的一面大黑旗。

《立神明成佛义记》说：

源神明以不断为精，精神必归妙果。妙果体极常住，精神不免无常。无常者，前灭后生，刹那不住者也。若心用心于攀缘，前识必异后者，斯则与境俱往，谁成佛乎？经云：心为正因，终成佛果。又言：若无明转，则变成明。案此经意，理如可求，何者？夫心为用本，本一而用殊，殊用自有兴废，一本之性不移。一本者，即无明神明也。寻无明之称，非太虚之目，土石无情，岂无明之谓？故知识虑应明，体不免惑。惑虑不知，故曰无明。而无明体上，有生有灭。生灭是其异用，无明心义不改。将恐见其用异，便谓心随境灭，故继无明名下，加以住地之目。此显无明，即是神明，神明性不迁也。何以知然？如前心作无间重恶，后识起非想妙善。善恶之理大悬，而前后相去甚迥，斯用果无一本，安得如此相续？是知前恶自灭，惑识不移。后善虽生，暗心莫改。故经言：若与烦恼诸结俱者，名为无明。若与一切善法俱者，名之为明。岂非心识性一，随缘异乎？故知生灭迁变，酬于往因，

善恶交谢，生乎现境，而心为其本，未曾异矣。以其用本不断，故成佛之理皎然，随境迁谢，故生死可尽，明矣。(《弘明集》卷九)

　　梁武帝在这里所说的神明就是慧远道生所说的法性或佛性，简称为心。他所说的精神，是指一切心理现象，简称为识。照他所说的神明的本质是无断，也就是所谓常住。精神必然得到妙果，这个妙果就是所谓佛果，就是说，得到成佛的结果，这个妙果与"极"明为一体，所以也是常住。但是精神，作为心理现象，是无常的，所谓无常，就是生灭，前一个心理现象灭了，后一个跟着又生出来，这样生生灭灭，没有一时一刻停止。心理现象的主要内容是认识。认识必定有所认识的对象，这就是"境"。照佛学讲，境是识所造成、所引起的。既然认识是生生灭灭的，境也必然是生生灭灭的。如果心抓着境不放，心也是生生灭灭的了，那也就不可能有妙果，不可能成佛了。梁武帝认为，这是不可能的。他引佛经说，心是成佛的主要原因，最后总要得到佛果。佛经又说，无明转变了，就是明。这是什么意思呢？心是"本"，发生出来不同的"用"。不同的"用"是生生灭灭的，但是，那个"本"的本性是不改变的。什么是那个本呢？那个本就是无明，也就是神明。所谓无明，并不是像太空俯视土石那样的无情。它就是认识、思虑那些心理现象。这些现象在没有自觉的状态中，那就叫惑。惑就是无明。以无明为体，就有生灭的现象。这些现象是无明所发生的不同的作"用"。可是无明的本体就是心，心是没有生灭的。恐怕有人误认为因为心有不同的作用，所以心跟着它"境"而也有生灭，所以佛经说，心是无明住地。加上"住地"这两个字，就可见无明就是神明。神明的本性是不迁不变。譬如有一个人，他的心里的第一个念头是个很大的恶念，后一个念头是个很大的善念。善恶悬殊，前念和后念也必然不同。如果这些念的背后没有一个同一的"本"，这两个念怎能够连贯起来呢？由此可知，以前的恶，虽然灭了，那个惑识并没有变；后来的善，虽然生了，暗心还没有变。所以佛经说，如果同烦恼那些东西在一起，就叫无明。如果同一切善的东西在一起，就叫明。可见心和识按其本性说，就是一个。不过跟着

读书篇

条件不同而又不同。可以知道，生灭迁变是以前的因所造成的结果。善恶，是现在的境所引起的。虽然有这些不同，但是心是根本，这是没有不同的。因为用的本是不断的，所以成佛的道理是很明显的。因为这个本随着"境"而又变化，所以生死的道理也是很明显的。

从逻辑方面看，梁武帝的这些辩论本来是要证明神明成佛这个主题。这本来应该是他的辩论的结论，但是，在他的辩论中，他却又应用这个结论作为一种根据，以证明他的结论。好像是这个结论是已经证明了，不需要再证明。譬如他说，在生灭无常的心理现象背后，没有一个常住真心作为主体，那就没有人可以成佛了。他认为，如果说没有人可以成佛，这是自明的荒谬。其实是，所谓成佛，本来就是一个荒谬的虚构。用这个荒谬的虚构，作为论据，那可真是更荒谬了。又譬如他说，一个人有了一个恶念，随着有一个善念，如果这些念的背后没有一个一贯的主体，这些连贯是不可能的。其实，这些善念和恶念，本来不需要有连贯。没有连贯正说明他们的背后没有一个连贯的主体。梁武帝认为，没有连贯的主体是荒谬的。这也是用荒谬的虚构来作为他的辩论的根据。从逻辑方面说，梁武帝的整个辩论是一个丐辞，循环论证。他本来是要用辩论证明神明成佛，可是在辩论中他又把神明成佛作为一个已经证明的命题作为论据。这就是说他用了这些前提以证明他的结论，可是在他的前提中又引了他的结论以证明他的前提。

从哲学方面看，他所谓"本""用"，就是玄学家所讲的"体用"。他企图用体用这对范畴来说明精神和物质的关系。照他所说的，精神是体，物质是用，这就是说，精神是第一性的，物质是第二性的。上面讲过，僧肇已经有这种说法。梁武帝更明确地这样说。这就是把物质统一于精神，由此建立唯心主义的一元论。

关于无明的解释，他认为无明并不是同心相对立的另外的一种实体，而只是心的一种不自觉的状态。如果心自觉了，无名的状态就消失了。无明状态一消失，心就明了。这就是无明转而为明。所谓心的自觉，就是他觉悟到，一切万法都是为心所现，一切事物都是虚幻不真，只有它自己是真实的。对于无明的这种说法就避免了那种无明和心是对立的，似乎是二元论的那种说法，这就肯定了唯心的一元论。对于无明的这种说法也不始于梁武帝，不过是他用一种简明扼要的说法把这个意思说出来。

像梁武帝所讲的这种佛学思想，同西方资产阶级哲学家黑格尔的唯心主义哲学体系，很有相似之处。在黑格尔以前，叔本华的唯心主义哲学体系，完全是以佛学为基础的。他实际上是用西方哲学的语言，宣扬佛教和佛学。黑格尔大概是在他的影响下建立自己的哲学的体系。照黑格尔讲，宇宙的精神，在不自觉的状态中，把自己"异化"成为自然界和人类社会，经过许多阶段的发展达到自觉的境界。在这个境界中，宇宙精神不仅是"为他"而且是"为自"的。

黑格尔的这种意思，用玄学和佛学的语言说，就是：常住真心在无明的状态中，创造了世界。常住真心是"体"，世界是"用"。无明会转为明，宇宙精神是由"为他"进到"为自"的了，这就是由不自觉转为自觉。由无明转为明。其基本轮廓，同梁武帝所讲的佛学，是很相似的。

所不同的是，黑格尔所讲的精神是宇宙精神，佛学所讲的神明，是个人的精神。所谓成佛，是个人修行的妙果，只有经过个人的修行，无明才能转为明。黑格尔所讲的精神，是宇宙精神，经过自然界同人类历史中的各阶段的发展，宇宙精神才能自觉。因为有这些不同，黑格尔的体系是客观唯心主义，佛学的哲学体系是主观唯心主义，不过照黑格尔讲，宇宙精神的自觉，就表现在唯心哲学体系中，特别是他自己的体系中。照这样讲，哲学家成为哲学家，特别是像他这样的哲学家，也可以说是成佛了。这样讲，黑格尔的哲学体系也带上了主观唯心主义的意味。前面已经说过，客观唯心主义和主观唯心主义本来是很难绝对划分的。

梁武帝的神明成佛这个主题的思想，其根本意思，就是"神不灭"。他说，"神明以不断为精"，就是说神不灭。他的辩论归根到底还是主张神不灭论，反对神灭论。因此，反对佛教的人、进步思想家，也就用神灭论反对神不灭论，同拥护佛教的人，展开了针锋相对的辩论和斗争。在这场大辩论中，范缜是神灭论的旗手。

其他关于神不灭的辩论

前面所讲的神不灭论，都是以佛教为根据并且用以拥护佛教的。当时主张神不灭的人，对于神不灭的了解、证明、及辩论，也有跟佛教的说法不完全相同的。除佛教的说法之外，还有两种说法。

一种说法是晋朝罗含所主张的。他在自己所作的《更生论》中说：

> 今万物有数而天地无穷。然则无穷之变，未始出于万物。万物不更生，则天地有终矣。天地不为有终，则更生可知矣……是则人物有定数，彼我有成分。有不可灭而为无；彼不得化而为我。聚散隐显，环转于无穷之涂……又神之与质，自然之偶也。偶有离合，死生之变也。质有聚散，往复之势也……神质冥期，符契自合。世皆悲合之必离，而莫慰离之必合；皆知聚之必散，而莫识散之必聚：未之思也，岂远乎？……今谈者徒知向我非今，而不知今我故昔我耳。达观者所以齐死生，亦云死生为寤寐，诚哉是言。（《弘明集》卷五）

罗含的主要意思是说：宇宙间的人物有一定的数目，但是宇宙是无穷的。人物都必须更生，就是说，死了以后，必须再转生，才可以使宇宙无限地延续。但是必须有不灭的神，然后才能转生。

罗含的这个辩论，是很粗浅的。首先，人物有定数这个前提就是没有根据的。其次，就是假定这个前提可以成立，人物也有自然的办法传种接代，不必需要神不灭才可以使"天地无穷"。

罗含从这个虚构的前提出发，又推论说，人的身体是"气"聚合而成。聚则为生，散则为死。可是这种生死，只是与形有关，与神无关。对神说，形是质，神与质是自然的配偶，它们之间有奇妙的配合，好像一对符契。但是它们是两种东西，这就是说，精神和形体平行存在，身体的死亡只是形体与精神的分离。形体的死亡并不意味精神的断灭。人死而更生，只是换了一个新形，神则还是原来的。这是一种心物平行二元论。

这种二元论在刘宋时代郑鲜之（郑道子）所作的《神不灭论》(《弘明集》卷五）中有更充分的说明。

郑鲜之的"神不灭论"，用问答的体裁说明他的主张。在这个论中有他自己的见解，也有反对他的人的见解。他所引的反对的见解可能是经过他的歪曲的。

他说：

> 夫形神混会，虽与生俱存，至于粗妙分源，则有无区异……神体灵照，妙统众形。形与气息俱运，神与妙觉同流。虽动静相资，而精粗异源。岂非各有其本，相因为用者邪？

意思是说，精神和形体有精粗的不同。精神是精的，形体是粗的。形同呼吸的气在一起运行，神是与人的知觉灵明在一起流动。它们各有各的来源，各有各的根本。它们互相支持，互相起作用，但他们并不是一回事。

反对的人说，即使形体和精神来源不同，但毕竟是合在一起才成为生命。如果没有身体，精神就无所寄托，既然无所寄托，它就不能不灭。

郑鲜之回答说：

> 夫万化皆有也。荣枯盛衰，死生代乎。一形尽，一形生，此有生之始终也。至于水火，则弥贯群生，赡而不匮……同在生域，其妙如此，况神理独绝，器所不邻，而限以生表冥尽，神无所寄哉？因斯而谈，太极为两仪之母，两仪为万物之本。彼太极者，浑元之气而已，犹能总此化根，不变其一。矧神明灵极，有无兼尽者邪？其为不灭，可以悟乎。

意思是说：万物都有始终，可是水火贯彻于万物的中间，不跟着某一形体的消灭而消灭。水火是粗的东西，尚能如此，何况精神是灵妙的东西，应该更是不随某一形体的消灭而消灭，更能有独立的存在。郑鲜之又主张

读书篇

有与"浑元之气"并立的"神明"。这说明他的自然观也是二元论。他认为，在自然界中，精神和物质各自有独立的存在。

反对的人说，你承认形和神是经常在一起，"未尝一时相违"，又主张"灵不资形"，就是说，"灵"有独立的存在。既然"灵不资形"，为什么又跟形"终不相违"？

郑鲜之回答说：

> 夫火因薪则有火，无薪则无火。薪虽所以生火，而非火之本。火本自在，因薪为用耳。若待薪然后有火，则燧人之前，其无火理乎？火本至阳，阳为火极，故薪是火所寄，非其本也。神形相资，亦犹此矣。相资相因，生涂所由耳。安在有形则神存，无形则神尽？

意思是说，神依靠形就好像火依靠薪。薪是火所必需的，但并不是火的根本。这个燃料完了，火可以依靠另一个燃料继续燃烧。人的这个形体完了，神可以依靠别的形体继续存在。燃料是生火所必需的，但不是火之本，火的根本是永远存在的，不过是用了燃料，才发挥作用。火是阳气一类的东西，即在燧人氏发明用火以前，也是本来有的，神和形的关系，也是如此。

反对的人说，既然精神和形体相资而本不相关，为什么这个神必得到这一个形，那一个神必定得到那一个形？

郑鲜之回答说：

> 神虽不待形，然彼形必生。必生之形，此神必宅。必宅必生，则照感为一，自然相济……如四时之于万物，岂有心于相济哉？理之所顺，自然之所至耳。

意思就是说，神虽不待形而存在，但某一形必然要生。它必然要生，某一神也必然要以它为宅而寄寓其中，既然寄寓其中。这个神和这个形，就自然而然地合作。这是自然如此，理应如此，并不是出于有心。

郑鲜之的这个回答等于没有回答。心物二元论不能说明，各有根本的心物，为什么会"相资相因"。西方资产阶级哲学的身心平行论者说，这是由上帝指挥的。郑鲜之说，这是由于"自然之所至耳"。这都等于说，他们不知道为什么会如此。他们当然不能说出为什么，这个说法本来只是一种臆测，一种虚构。

反对的人又说：照佛教的说法，这一个形完了以后，神就寄寓于另一个形。寄寓于什么样子的形，这就看这一个人的这一生的罪福。请问，这个罪是由于形，还是由于神？如果是由于形，形不过是万物中之一物，怎会能有那么大的作用？如果是由于神，可见神自身不能自足，而必须同不同的形联系起来。这样讲，"形神不相资"的理论就垮台了。

郑鲜之回答：

> 所谓形神不相资，明其异本耳。既以为生，生生之内。各周其用。苟用斯生以成罪福，神岂自妙其照，不为此形之用邪？

意思是说，我所讲的"形神不相资"是要说明形、神有不同的根本，不同的来源。神和形联合起来，以成为人的一生。在这一生之内，形神各有它的作用。形、神都用这一生以成罪福。神虽然有灵明，但也不能不为形之所用。这就是说，人的一生是形、神联合起来而有的。所以这一生的罪福，形神都有关系。

反对的人又说：神跟着形而有贤愚。贤愚并不是由于神而是神为形之所用。轮回往上推起来是无穷无尽的，是无始的。所以贤愚也是无始的。人的修行是从半路插进去的。无始这个道理，是玄妙的，半路插进去的修行的作用，不是本而是末（原文作"未"，照文字看，"未"应该是"末"字之误）。要想用发生于末的作用，去改正无始以来就有的情况，那是可能的吗？

郑鲜之回答说：

所谓聪明，诚由耳目。耳目之本，非聪明也。所谓贤愚，诚应有始，既为贤愚，无（当作有）始可知矣。夫有物也，则不能管物。唯无物然后能为物所归。若有始也，则不能为（当作无）终，唯无始也，然后终始无穷。此自是理所必然。不可征事之有始，而责神同于事。

意思是说：人的聪明诚然是由于耳目，可是耳目的根本并不是聪明。人的贤愚，是由于形，可是形的根本并不是贤愚。贤愚应该是有始的。既然为贤或为愚，这就说明它是有始的。它是属于有物这一类的。他本身既然是万物中之一物，它就不能管万物。神是属于无物这一类的，因为他是无物，所以它能为万物所归。有始的东西，不能无终。只有无始的东西，才能终始无穷。这是必然的道理，"事"是有始的。不可因为"事"有始而就把神和"事"等同起来。

郑鲜之开始讲"形神不相资"，这是心身平行论。最后，还是说神比形更根本。形是有始有终的，神是无始无终的，说来说去还是主张神不灭。他的论文的题目本来就是《神不灭论》，他中间绕了些弯子，最后才把他的主题表示出来。

究竟物质是第一性或精神是第一性，这是哲学的根本问题。心身平行论，心物二元论，都是企图回避这个问题，不肯承认物质第一性这个唯物主义的结论。于是作出一种折衷主义、模棱两可的说法。但是，折衷主义模棱两可，是不能解决问题的，它只可以作为唯心主义的一种伪装，一种掩护。郑鲜之就是利用这种掩护，宣扬神不灭论。

禅宗的方法

以上所讲底，都是形上学的正底方法。本章以唐宋时代的禅宗为例，以说明形上学的负底方法。禅宗虽出于佛家的空宗，但其所用底方法，与空宗中有些著作所用底方法不同。空宗中有些著作，如《中论》、《百论》，其工作在于破别宗的，对于实际有所肯定底理论。它们虽破这些理论，但并不是从一较高底观点，或用一种中立底方法，以指出这些理论的错误。它们的办法，是以乙宗的说法破甲宗，又以甲宗的说法破乙宗，所以它们的辩论，往往使人觉其是强词夺理底。它们虽说是破一切底别宗，但它们还是与别宗在一层次之内。

维也纳学派是用一中立底方法，以证明传统底形上学中底命题是无意义底。他们所用底中立底方法，是逻辑分析法。他们用逻辑分析法以证明普通所谓唯心论、唯物论、一元论或多元论等等所谓形上学底命题，是无意义底。他们并不用乙宗的说法，以破甲宗，又用甲宗的说法，以破乙宗。

道家的哲学，是从一较高底观点以破儒墨。《庄子·齐物论》说：

> 故有儒墨之是非，以是其所非，而非其所是。欲是其所非，而非其所是，则莫若以明。

郭象以为"以明"是"还以儒墨反复相明"。"反复相明"正是上文所说以乙破甲，以甲破乙的办法。实则《齐物论》的方法，是"圣人不由而照之于天"。儒墨的是非，是起于他们各从其人的观点说。圣人不从人的观点说，而从天的观点说。"不由"是不如一般人站在他自己的有限的观点，以看事物。"照之于天"是站在天的观点，以看事物。天的观点，是一较高底观点。各站在有限的观点以看事物，则"彼亦一是非，此亦一是非"。彼此互相对待，谓之有偶。站在一较高底观点以看事物，则既不与彼相对待，亦不与此相对待。此所谓"彼是莫得其偶，谓之道枢。枢始得其环中，以应无穷：是亦一无穷，非亦一无穷也"。郭象所谓"反覆相明"，正是在环上以儒墨互相辩论。这种辩论，是不能有穷尽底。站在环中，以应无穷，既不随儒墨以互相是非，亦不妨碍儒墨各是其所是，非其所非。站在这个较高底观点看，儒墨所争执底问题都是不解决而自解决。

道家也是以负底方法讲形上学，他们的方法，我们于别处已经讨论（参看《新原道》第四章）。维也纳学派以一种中立底方法破传统底形上学中底各宗。破各宗的结果，可以是"取消"形上学，也可以是以负底方法讲形上学。前者是一切维也纳学派中底人所特意地建立底，后者是其中有一部分人或许于无意中得到底。前者我们于前面已有讨论，后者我们于本章亦将提及。

禅宗自以为他们所讲底佛法，是"超佛越祖之谈"。其所谓超越二字，甚有意思。他们以佛家中所有底各宗为"教"，而以其自己为"教外别传"。他们亦是从一较高底观点，以看佛家各宗的，对于实际有所肯定底理论。他们所讲底佛法，严格地说，不是教"外"别传，而是教"上"别传。所谓上，就是超越的意思。由此方面看，禅宗虽是继承佛家的空宗，亦是继承中国的道家。

所谓"超佛越祖之谈"，禅宗中人，称之为第一义或第一句。临济（义玄）云：

  若第一句中得，与祖佛为师；若第二句中得，与人天为师；若第三句中得，自救不了。（《古尊宿语录》卷四）

但超佛越祖之谈，是不可谈底；第一句或第一义，是不可说底。《文益禅师语录》云：

问：“如何是第一义？”师云：“我向尔道，是第二义。”

《佛果禅师语录》云：

师升座。焦山和尚白槌云：“法筵龙象众当观第一义。”师乃云：“适来未升此座，第一义已自现成。如今槌下分疏，知他是第几义也。”

道家常说“不言之辨”、“不道之道”及“不言之教”。禅宗的第一义，正可以说是“不言之辨”、“不道之道”。以第一义教人，正可以说是“不言之教”。

第一义不可说，因为第一义所拟说者不可说。《怀让禅师语录》云：

师白祖（慧能）云：“某甲有个会处。”祖云：“作么生？”师云：“说似一物即不中。”（《古尊宿语录》卷一）

南泉（普愿）云：

江西马祖说：“即心即佛。”王老师不恁么道，不是心，不是佛，不是物。（《传灯录》卷八）

《洞山（良价）语录》云：

云岩（昙成）问一尼：“汝爷在？”曰“在。”岩曰：“年多少？”云：“年八十。”岩曰：“汝有个爷，不年八十，还知否？”云：“莫是恁么来者？”岩曰：“犹是儿孙在。”师曰：“直是不恁么来者亦是儿孙。”（又见《传灯录》卷十四）

此是说，第一义所拟说者不能说是心，亦不能说是物，称为恁么即不是，即称为不恁么亦不是。如拟说第一义所拟说者，其说必与其所拟说者不合。所以禅宗说："有拟义即乖。"所以第一义不可说。

如拟说第一义所拟说者，其说必不是第一义，至多也不过是第二义，也许不知是第几义。这些说都是戏论，僧问马祖（道一）：

"和尚为什么说即心即佛？"

曰："为止小儿啼。"

曰："啼止时将如何？"

曰："非心非佛。"（《古尊宿语录》卷一）

百丈（怀海）说："说道修行得佛，有修有证，是心是佛，即心即佛"，"是死语"。"不说修行得佛，无修无证，非心非佛"，"是生语"（同上）。所谓生是活的意思。这些语是生语或活语，因为这些语并不对于第一义所拟说者有所决定。说非心非佛，并不是肯定第一义所拟说者是非心非佛。说非心非佛，只是说，不能说第一义所拟说者是心是佛。

凡对于第一义所拟说者有所肯定底话，皆名为"戏论之粪，亦名粗言，亦名死语"。执着这种"戏论之粪"，名为"运粪入。"取消这种"戏论之粪"，名为"运粪出"（俱百丈语，见《古尊宿语录》卷二）。

黄檗（希运）说：

佛出世来，执除粪器，蠲除戏论之粪。只教你除却从来学心见心，除得尽即不堕戏论，亦云搬粪出。（《古尊宿语录》卷三）

所以临济云：

你如欲得如法见解，但莫授人惑。向里向外，逢着便杀，逢佛杀佛，逢祖杀祖，逢罗汉杀罗汉，逢父母杀父母，逢亲眷杀亲眷，始得

解脱。(《古尊宿语录》卷四)

凡对于第一义所拟说者作肯定，以为其决定是如此者，都是所谓死语。作死语底人，用禅宗的话说，都是该打底。《宗杲语录》云：

> 乌龙长老访凭济川说话次云："昔有官人问泗州大圣：师何姓？圣曰：姓何。官云：住何国？圣云：住何国。"龙云："大圣本不姓何，亦不住何国，乃随缘化度耳。"凭笑曰："大圣决定姓何，住何国。"如是往返数次。遂致书于师（宗杲），乞断此公案。师云："有六十棒：将三十棒打大圣，不合道姓何；三十棒打济川，不合道大圣决定姓何。"（《大慧普光禅师·宗门武库》）

普通所谓唯心论者或唯物论者肯定所谓宇宙的本体或万物的根源是心或物，并以为决定是如此。这些种说法，都是所谓死语。持这些种论者，都应受六十棒。他们作如此底肯定，应受三十棒。他们又以为决定是如此，应更受三十棒。

禅宗亦喜说重复叙述底命题，因为这种命题，并没有说什么。《文益禅师语录》云：

> 师一日上堂，僧问："如何是曹源一滴水？"师云："是曹源一点水。"又云："上堂。尽十方世界皎皎地无一丝头。若有一丝头，即是一丝头。"又云："举昔有老僧住庵，于门上书心字，于窗上书心字，于壁上书心字。"师云："门上但书门字，窗上但书窗字，壁上但书壁字。"

第一义虽不可说，"超佛越祖之谈"虽不可谈，但总须有方法以表显之。不然则即等于没有第一义，没有"超佛越祖之谈"。"不言之教"亦是教。既是教，总有使受教底人可以受教底方法。禅宗中底人，对于这种方

读书篇

法；有很多底讨论。这些方法都可以说是以负底方法讲形上学底方法。

禅宗中临济宗所用底方法有所谓"四料简""四宾主"者，临济云：

> 有时夺人不夺境。有时夺境不夺人。有时人境俱夺。有时人境俱
> 不夺。（《古尊宿语录》卷四）

又说：

> 我有时先照后用。有时先用后照。有时照用同时。有时照用不同
> 时。先照后用有人在。先用后照有法在。照用同时，驱耕夫之牛，夺
> 饥人之食，敲骨取髓，痛下针砭。照用不同时，有问有答，立宾立主，
> 合水和泥，应机接物。（同上卷五）

照临济所解释，则"先用后照"就是"夺人不夺境"，"先照后用"就
是"夺境不夺人"，"照用同时"就是"人境俱夺"，"照用不同时"就是
"人境俱不夺"。这就是所谓"四料简"。

所谓"四宾主"者，即主中主，宾中主，主中宾，宾中宾。师家与学
人辩论之时，"师家有鼻孔，名主中主。学人有鼻孔，名宾中主。师家无鼻
孔，名主中宾。学人无鼻孔，名宾中宾"（《人天眼目》卷二）。所谓鼻孔，
大概是要旨之义。如一牛，穿其鼻孔，则可牵其全体。故一事物可以把握
之处，名曰把鼻。一人所见之要旨，名曰鼻孔。此二名词，均禅宗语中所
常用者。临济云：

> 参学之人，大须仔细。如主客相见，便有言论往来。如有真正学
> 人，便喝，先拈出一胶盆子。善知识不辨是境，便上他境上作模作样。
> 学人便喝，前人不肯放。此是膏肓之疾，不堪医，唤做客看主（一本
> 作宾看主）。或是善知识不拈出物，只随学人问处即夺。学人被夺，抵
> 死不放。此是主看客（一本作主看宾）。或有学人，应一个清净境，出

善知识前。善知识辨得是境，把得抛向坑里。学人言大好。善知识云：咄哉，不识好恶。学人便礼拜。此唤做主看主。或有学人，被枷带锁，出善知识前。善知识更与安一重枷锁。学人欢喜。彼此不辨。呼为客看客（一本作宾看宾）。(《古尊宿语录》卷四)

在此诸例中，第一例是学人有鼻孔，师家无鼻孔，名宾中主。第二例是师家有鼻孔，学人无鼻孔，名主中宾。第三例是师家学人均有鼻孔，名主中主。第四例是师家学人均无鼻孔，名宾中宾。

所谓境，有对象之义。思议言说的对象，皆名为境。境是对象，人是知对象者。第一义所拟说者，不可为思议言说的对象，故不能是境。凡可以是境者，必不是第一义所拟说者。欲得第一义，则须知有境之思议言说皆是“枷锁”，皆须“抛向坑里”。“抛向坑里”即是“夺”之。将思议言说之对象“抛向坑里”，谓之“夺境”。将思议言说“抛向坑里”，谓之“夺人”。或夺人，或夺境，皆至于“人境两俱夺”。既已“人境两俱夺”，则又可以“人境俱不夺”（观下文可知）。所怕者是被夺之人，“抵死不放”，此是“膏肓之疾，不堪医”。

就“夺境”“夺人”说，禅宗有似于空宗。但空宗，如所谓三论所代表者，是以乙的辩论破甲，又以甲的辩论破乙，以见甲乙俱不能成立。禅宗则是从一较高底观点，说，凡有言说者，俱不是第一义。所以我们说，禅宗是从一较高底观点，以看佛家各宗的，对于实际有所肯定底理论。禅宗并不以乙的辩论破甲，又以甲的辩论破乙。禅宗直接把甲乙一齐“抛向坑里”。所以他们所说底话，是比甲乙高一层次底。

禅宗中的曹洞宗，有所谓“五位君臣旨诀”。所谓五位者，即偏中正，正中偏，正中来，偏中至（或作兼中至），兼中到。照一解释，此五位亦表示义理。曹山说：

> 正位即空界，本来无物。偏位即色界，有万象形。正中偏者，背理就事。偏中正者，舍事入理。兼带者，冥应象缘，不堕诸有。非染

非净，非正非偏。故曰：虚玄大道，无著真宗。从上先德，推此一位，最妙最玄，当详审辨明。君为正位。臣为偏位。臣面君是偏中正，君视臣是正中偏，君臣道合是兼带语。(《抚州曹山元证禅师语录》)

临济宗所谓四料简亦可作如此一类底解释。若如此解释，则主中宾，即正中偏；偏中正，即宾中主；正中来，即主中主；偏中至，即宾中宾。

照另一解释，此五位所表示，乃表显第一义的方法。曹山解释洞山五位显诀云：

正位都偏，是圆两意。偏位虽偏，亦圆两意。缘中辨得，是有语中无语。或有正位中来者，是无语中有语。或有偏位中来者，是有语中无语。或有相兼带来者，这里不说有语无语，这里直须正面而去，这里不得不圆转，事须圆转。(《抚州曹山元证禅师语录》)

照此所说，五位是表示五种表显第一义的方法。但原文意有不甚可晓者。原文于每条下，并各举数公案为例。此诸公案，意亦多不明。照禅宗例，有语无语相配，应尚有有语中有语，及无语中无语，而此无之；偏中正与偏中至均是有语中无语，亦难分别。此点我们不需深考。我们可以用曹山所说有语无语之例，并借用五位之名，将禅宗中人所常用以表显第一义底方法，分为五种。

（一）正中偏：此种表显第一义的方法，可以说是无语中有语。禅宗中常说：

世尊登座，拈花示众，人天百万，悉皆罔措，独有金色头陀，破颜微笑。

又说：

俱胝和尚，凡有诘问，惟举一指。后有童子，因外人问："和尚说何法要？"童子亦竖起一指。胝闻，遂以刃断其指，童子号哭而去。胝复招之，童子回首。胝却竖其指。童子忽然领悟。(《曹山语录》)

（马祖）问百丈："汝以何法示人？"百丈竖起拂子。师云："只这个为当别有？"百丈抛下拂子。(《古尊宿语录》卷一)

临济云：

有时一喝如金刚王宝剑。有时一喝如踞地师子。有时一喝如探竿影草(《人天眼目》云："探竿者，探尔有师承无师承，有鼻孔无鼻孔。影草者，欺瞒做贼，看尔见也不见。")。有时一喝不作一喝用。(《古尊宿语录》卷五)

禅宗中人常用此等动作，及扬眉瞬目之类，以表显第一义。此等动作，并无言说，但均有所表显。所以以此等方法表显第一义，谓之无语中有语。
（二）偏中正：此种表显第一义的方法，可以说是有语中无语。禅宗中底大师，如有以佛法中底基本问题相问者，则多与一无头无脑不相干底答案。例如僧问首山省念和尚：

"如何是佛心？"曰："镇州萝葡重三斤。"问："万法归于一体时如何？"曰："三斗吃不足。"僧云："毕竟归于何处？"曰："二斗却有余。"(《古尊宿语录》卷八)

僧问赵州和尚（从谂）：

"万法归一，一归何所？"师云："我在青州作一领布衫重七斤。"（同上卷十三）

读书篇

• 65 •

僧问云门（文偃）：

"如何是释伽身？"曰："乾屎橛。"问："如何是超佛越祖之谈？"曰："蒲州麻黄，益州附子。"（同上卷十五）

此诸答案，在表面上看，是顺口胡说，其实也真是顺口胡说。这种答案，如有什么深意，其深意只是在表示，这一类的问题，是不应该问底。《传灯录》径山道钦传云：

僧问："如何是祖师西来意？"师曰："汝问不当。"曰："如何得当？"师曰："待我灭后，即向汝说。"（同上卷四）

又马祖传云：

问："如何是西来意？"师便打，乃云："我若不打汝，诸方笑我也。"（《古尊宿语录》卷一）

对于这一类的问题，无论怎样答，其答总是胡说，故直以胡说答之。这些答案，都是虽有说，而并未说什么，所以都可以说是有语中无语。

（三）正中来：此种表显第一义的方法，可以说是无语中无语。《传灯录》谓：

慧忠国师"与紫磷供奉论议。既升座，供奉曰：'请师立义，某甲破。'师曰：'立义竟。'供奉曰：'是什么义。'曰：'果然不见，非公境界。'便下座"。（《传灯录》卷五）

慧忠无言说，无表示，而立义。其所立正是第一义。《传灯录》又谓：

有婆子令人送钱去请老宿开藏经。老宿受施利，便下禅床转一匝，乃云："传语婆子送藏经了也。"其人回举似婆子。婆子云："比来请阅全藏，只为开半藏。"（卷二十七）

宗杲以为此系赵州（从谂）事（见《大慧普觉禅师语录》卷九）。宗杲又云：

如何是那半藏？或云：再绕一匝，或弹指一下，或咳嗽一声，或喝一喝，或拍一拍，恁么见解，只是不识羞。若是那半藏，莫道赵州再绕一匝，直绕百千万亿匝，于婆子分上，只得半藏。

或谓须婆子自证，方得全藏。众人之意，固是可笑。宗杲之意，亦未必是。婆子之意，应是以不转为转全藏。有所作为动作，即已不是全藏。

《洞山语录》云：

因有官人设斋施净财，请师看转大藏经。师下禅床，向官人揖。官人揖师，师引官人俱绕禅床一匝，向官人揖，良久曰："会么？"曰："不会。"师曰："我与汝看转大藏经，如何不会？"

此以绕禅床一匝为转全藏。以绕禅床一匝为转全藏是正中偏。以绕禅床一匝为反而不能转全藏，是正中来。

（四）偏中至：此种方法可以说是有语中有语。禅宗语录中，有所谓普说者，其性质如一种公开讲演。禅宗语录中亦间有不是所谓机锋底问答。这都是有语中有语。有语亦是一种表显第一义的方法，临济云：

十二分教，皆是表现之说，学者不会，便向表显名句上生解。

（《古尊宿语录》卷四）

读书篇

因此，禅宗认为这种方法，是最下底方法。临济云："有一般不以好恶，向教中取义度商量，成于句义。如把屎块子向口里含过，吐与别人。"（同上）这是用这一种方法的流弊。

（五）兼中到："这里不说有语无语"，这就是说，用这一种方法表显第一义，也可以说是有语，也可以说是无语。

> 庞居士问："不与万法为侣者是什么人？"师云："待汝一口吸尽西江水，即向汝道。"（《古尊宿语录》卷一）

《传灯录》又谓：

> 药山（惟俨）夜参不点灯。药山垂语云："我有一句子，待特牛生儿，即向尔道。"时有僧曰："特牛生儿也。何以和尚不道。"（《洞山语录》引作："特牛生儿，也只是和尚不道。"）（同上卷十四）

一口吸尽西江水，特牛生儿，皆不可能底事。待一口吸尽西江水，待特牛生儿，再道，即是永不道。然如此说，即是说，此一句不可道。说此一句不可道，也就是对于此一句有所说。《传灯录》云：

> 药山上堂云："我有一句子，未曾说与人。"僧问药山曰："一句子如何说？"药山曰："非言说。"师（圆智）曰："早言说了也。"（同上卷十四）

说第一义不可说，也可以说是说第一义，也可以说是未说第一义。《传灯录》云：

> 有僧入冥，见地藏菩萨。地藏问："你平生修何业？"僧曰："念

《法华经》。"曰:"'止止不须说,我法妙难思。'为是说是不说?"无对。(同上卷二十七)

《曹山语录》云:

> 师行脚时,问乌石观禅师:"如何是毗卢师法身主?"乌石曰:"我若向尔道,即别有也。"师举似洞山。洞山曰:"好个话头,只欠进语。何不问,为什么不道?"师却归进前语。乌石曰:"若言我不道,即哑却我口。若言我道,即謇却我舌。"师归,举似洞山,洞山深肯之。(又见《传灯录》卷十三"福州乌石山灵观禅师"条下)

乌石此意,即说,也可说他道,也可说他未道。

在上述诸方法中,无论用何种表示,以表显第一义,其表示皆如以指指月,以筌得鱼。以指指月,既已见月,则需忘指。以筌得鱼,既已得鱼,则需忘筌。指与筌并非月与鱼。所以禅宗中底人常说:善说者终日道如不道。善闻者终日闻如不闻。宗杲说:

> 上士闻道,如印印空。中士闻道,如印印水。下士闻道,如印印泥。(《大慧普觉禅师语录》卷二十)

印印空无迹,如所谓"羚羊挂角,无迹可寻"。印印水似有迹。印印泥有迹。如印印泥者,见指不见月,得筌不得鱼。此等人是如禅宗所说:"咬人屎橛,不是好狗。"如印印空者"无一切有无等见,亦无无见,名正见。无一切闻,亦无无闻,名正闻"(百丈语,《古尊宿语录》卷二)。无见无闻,并不是如槁木死灰,而是虽见而无见,虽闻而无闻,这就是"人境俱不夺"。这是得到第一义底人的境界。

如何为得到第一义?知第一义所拟说为得到第一义。此知不是普通所谓知识之知。普通所谓知识之知,是有对象底。能知底知者,是禅宗所谓

"人"。所知底对象是禅宗所谓"境"。有"境"与"人"的对立，方有普通所谓知识。第一义所拟说者，"拟议即乖"，所以不能是知的对象，不能是境。所以知第一义所拟说者之知，不是普通所谓知识之知，而是禅宗所谓悟。普通所谓知识之知，有能知所知的分别，有人与境的对立。悟无能悟所悟的分别，无人与境的对立，所以知第一义所拟说者，即是与之同体。此种境界玄学家谓之"体无"。"体无"者，言其与无同体也；佛家谓之为"入法界"；《新原人》中，谓之为"同天"。

这是用负底方法讲形上学所能予人底无知之知。在西洋现代哲学家中，维特根斯坦虽是维也纳学派的宗师，但他与其他底维也纳学派中底人大有不同。他虽也要"取消"形上学，但照我们的看法，他实则是以我们所谓形上学的负底方法讲形上学。他所讲底，虽不称为形上学，但似乎也能予人以无知之知。

在维特根斯坦的《逻辑哲学论》的最后一段中，他说：

> 哲学的正确方法是：除了可以说者外，不说。可以说者，是自然科学的命题，与哲学无干。如有人欲讨论形上学底问题，则向他证明：在他的命题中，有些符号，他没有予以意义。这个方法，别人必以为不满意，他必不觉得，我们是教他哲学。但这是惟一底严格底正确方法。

> 我所说底命题，在这个方面说，是启发底。了解我底人，在他已经爬穿这些命题，爬上这些命题。爬过这些命题的时候，最后他见这些命题是无意义底（比如说，他已经从梯子爬上去，他必须把梯子扔掉）。他必须超过这些命题，他才对于世界有正见。

> 对于人所不能说者，人必须静默。

（七）

照我们的看法，这种静默，是如上所引慧忠国师的静默。他们都是于静默中，"立义境"。

诗与宗教

诗对于人生之功用——或其功用之一——便是助人自欺。"用尽闺中力，君听空外音"。闺中捣衣之声，无论如何大，空外岂能听见？明知其不能听见，而希望其能听见，诗即因之作一自己哄自己之语，使万不能实现之希望，在幻想中可以实现。诗对于宇宙及其间各事物，皆可随时随地，依人之幻想，加以推测解释；亦可随时随地，依人之幻想，说自己哄自己之话。此诗与散文根本不同之处。

《中庸》说：

> 所谓诚其意者，毋自欺也。

历来道德家多恶自欺。不过自欺于人，亦是一种欲。依上所说，凡欲苟不与他欲冲突，即不可谓之恶。小孩以竹竿当马，岂不知其非真马？但姑且自以为真马，骑而游行，自己喜笑，他人也顾而乐之。其所以可乐，正在彼虽以竹竿为马，而仍自认其非真马。人生之有诗，亦如小孩之有游戏。诗虽常说自己哄自己之话，而仍自认其为自己哄自己，故虽离开现实，凭依幻想，而仍与理智不相冲突。诗是最不科学的，而在人生，却与科学并行不悖，同有其价值。

宗教（迷信即宗教之较幼稚者，今姑以宗教兼言之）亦为人之幻想之表现，亦多讲自己哄自己之道理。其所以与诗异者，即在其真以幻想为真实，说自己哄自己之话，而不自认其为自己哄自己。故科学与宗教，常立于互相反对之地位。若宗教能自比于诗，而不自比于科学，则于人生，当能益其丰富，而不增其愚蒙。蔡孑民先生祭蔡夫人文：

> 死而有知耶？吾决不敢信。死而无知耶？吾为汝故而决不敢信。
> （原文记不甚清，大概如是）

因所爱者之故，而信死者之有知，而又自认其所以信死者之有知，乃为因所爱者之故。这便是诗的态度，而非宗教的态度。若所信可以谓之宗教，则其所信即是诗的宗教，亦即合理的宗教。

近来中国有非宗教运动，其目的原为排斥帝国主义的耶教，其用意我也赞成。至于宗教自身，我以为只要大家以诗的眼光看它就可以了。许多迷信神话，依此看法，皆为甚美。至于随宗教以兴之建筑，雕刻，音乐，则更有其自身之价值。若因宗教所说，既非真实，则一切关于宗教之物，皆必毁弃，则即如"煮鹤焚琴"，不免"大伤风雅"了。

孔子对于宗教的态度，似乎就是这样。《论语》云："祭如在，祭神如神在。""如"字最妙。《礼记·祭统》云："夫祭者，非物自外至者也，自中出于心也。"又《祭义》云："斋之日，思其居处，思其笑语，思其志意，思其所乐，心其所嗜。斋三日，乃见其所为斋者。祭之日，人室，僾然必有见乎其位；周还出户，肃然必有闻乎其容声；出户而听，忾然必有闻乎其叹息之声。"此皆可为"如神在"三字之注释。

孔子在中国历史中之地位

廖平说：

六经，孔子一人之书；学校，素王特立之政；所谓道冠百王，师表万世者也。刘歆以前，皆主此说，故移书以六经皆出于孔子，后来欲攻博士，故牵涉周公，以敌孔子，遂以"礼""乐"归之周公，"诗""书"归之帝王，"春秋"因于史文，"易传"仅注前圣。以一人之作，分隶帝王周公，如此是六艺不过如选文选诗。或并删正之说，亦欲驳之，则孔子碌碌无所建树矣。盖师说浸亡，学者以己律人，亦欲将孔子说成一教授老儒，不过选本多，门徒众……（《知圣篇》）

康有为说：

孔子为教主，为神明圣王，配天地，育万物，无人无事无义，不范围于孔子大道中，乃所以为生民未有之大成至圣也……汉以来皆祀孔子为先圣也。唐贞观乃以周公为先圣，黜孔子为先师。孔子以圣被黜，可谓极背谬矣。然如旧说，《诗》，《书》，《礼》，《乐》，《易》，皆周公作；孔子仅在删赞之列。孔子之仅为先师而不为先圣。比于伏生，申公，岂不宜哉？然……六经皆孔子所作也。汉以前之说，莫不然也。学者知六经为孔子所作，然后孔子之为大圣，为教主，范围万世而独称尊者，乃可明也。知孔子为教主，六经为孔子所作，然后知孔

> 子拨乱世致太平之功，凡有血气者，皆日被其殊功大德，而不可忘也。
> （《孔子改制考》卷十）

这是清末"今文家"的学说。孔子本来已竟是一般人所承认的先圣先师，本来已竟是一部分汉儒所承认的素王。清末"今文家"犹以为未足，乃于先圣、先师、素王之外，又为上一"教主"的尊号。孔子的地位，于是为最高；其风头亦于是出得最足。

然而"日中则昃，月盈则亏"，孔子的厄运，也就于是渐渐开始；他的地位，也就于是一天低落一天。在以前，孔子是教主素王，制作六经之说，虽未必为尽人所承认，但他是先圣先师，曾删《诗》、《书》，正《礼》、《乐》，赞《易》，作《春秋》，则否认者极少。但现在多数人的意见，则不但以为孔子未曾制作六经，且"并删正之说，亦欲驳之"。于是孔子乃似"碌碌无所建树矣"。廖季平所反对之意见，正现在多数人所持者。由素王教主之地位，一降而为"教授老儒"，"比于伏生，申公"，真孔子之厄运也。

本篇的主要意思，在于证明孔子果然未曾制作或删正六经；即令有所删正，也不过如"教授老儒"之"选文选诗"；他一生果然不过是一个"选本多，门徒众"的"教授老儒"；但他却并不因此而即是"碌碌无所建树"；后人之以先圣先师等尊号与他加上，亦并非无理由。

关于孔子未曾制作或删正六经的证据，前人及时人已经举过许多；现在只须附加几个。《易》及《春秋》，依传说乃孔子毕生精力之所聚。一个是他特别"作"的；一个是他特别"赞"的。他作《春秋》以上继文、武、周公；他赞《易》；作《彖》、《象》、《文言》、《系辞》等，"以通神明之德，以类万物之情"。现在只说这两部书是否果为孔子所"作"所"赞"。

据孟子说，孔子作《春秋》之目的及功用，在使"乱臣贼子惧"。然《左传》宣公二年（西历纪元前607年），赵穿弑晋灵公，

> 太史书曰："赵盾弑其君，"以示于朝。宣子曰："不然。"曰："子

为正卿，亡不越竟，反不讨贼，非子而谁？"……孔子曰："董狐，古之良史也；书法不隐。"

又《左传》襄公二十五年（西历纪元前 548 年），崔杼弑齐庄公，

太史书曰："崔杼弑其君。"崔子杀之。其弟嗣书而死者二人。其弟又书，乃舍之。南史氏闻太史尽死，执简以往，闻既书矣，乃还。

据此则至少春秋时晋齐二围太史之史笔，皆能使"乱臣贼子惧"。不独"春秋"为然。赵穿弑晋灵公，而董狐却书"赵盾弑其君"，则所谓"诛心"及"君亲无将，将则必诛"等"大义"，董狐的《晋乘》中，本来亦有，《春秋》不能据为专利品。孟子说：

晋之《乘》，楚之《梼杌》，鲁之《春秋》，一也。其事则齐桓晋文，其文则史，其义则丘窃取之矣。（《孟子·离娄》）

"其义"不止是《春秋》之义，实亦是《乘》及《梼杌》之义，观于董狐史笔，亦可概见。孔子只"取"其义，而非"作"其义。孟子此说，与他的孔子"作《春秋》"之说不合，而却似近于事实。

但亦或因鲁是周公之后，"礼义之邦"，所以鲁之《春秋》，对于此等书法，格外认真，所以韩宣子聘鲁"观书于太史氏，见《易》象与鲁《春秋》，曰：'周礼尽在鲁矣。'"（《左传》昭公二年，西历纪元前 504 年）他特注意于"鲁《春秋》"，或者"鲁《春秋》"果有比"晋之《乘》""楚之《梼杌》"较特别的地方。所以在孔子以前，就有人以《春秋》为教人的教科书。楚庄王（西历纪元前 613 年至 591 年）使士亹傅太子箴；士亹问于申叔时，叔时曰：

教之《春秋》而为之耸善而抑恶焉，以戒劝其心。教之"世"而

为之昭明德而废幽昏焉，以休惧其动。教之《诗》而为之导广显德，以耀明其志；教之《礼》使知上下之则；教之《乐》以疏其秽而镇其浮。教之"令"使访物官。教之"语"使明其德而知先王之务用明德于民也。教之"故志"使知废兴者而戒惧焉。教之"训典"使知族类，行比义焉。(《国语·楚语上》)

可见《春秋》早已成教人的一种课本。不过这些都在孔子成年以前，所以也都与孔子无干。

《春秋》之"耸善抑恶"，诛乱臣贼子，孔子完全赞成；这却是实在情形。《论语》上说：

    陈成子弑简公，孔子沐浴而朝，告于哀公曰："陈恒弑其君，请讨之。"公曰："告夫三子。"孔子曰："以吾从大夫之后。不敢不告也。"(《宪问》)

观此可知孔子以乱臣贼子之当讨，为天经地义。他当然赞成晋董狐齐太史之史笔，当然赞成《春秋》的观点。孔子主张"正名"，是《论语》上说过的。不过按之事实，似乎不是孔子因主张"正名"而作《春秋》，如传说所说，似乎是孔子取《春秋》等书之义而主张"正名"，孟子所说"其义则丘窃取"者是也。不过孔子能从"晋《乘》""鲁《春秋》"等里面，归纳出一个"正名"之抽象的原理，这也就是他的大贡献了。

《易》之《彖》、《象》、《文言》、《系辞》等，是否果系孔子所作，此问题，我们但将《彖》、《象》等里面的哲学思想，与《论语》里面的比较，便可解决。

我们且看《论语》中所说孔子对于天之观念：

    子曰："获罪于天，无所祷也。"(《八佾》)

    夫子曰："予所否者，天厌之！天厌之！"(《雍也》)

子曰："天生德于予，桓魋其如予何！"（《述而》）

子曰："文王既殁，文不在兹乎？天之将丧斯文也，后死者不得与于斯文也。天之未丧斯文也，匡人其如予何！"（《子罕》）

子曰："吾谁欺，欺天乎？"（《子罕》）

子曰："噫！天丧予！天丧予！"（《先进》）

孔子曰："君子有三畏：畏天命，畏大人，畏圣人之言。"（《季氏》）

据此可知《论语》中孔子所说之天，完全系一有意志的上帝，一个"主宰之天"。

但"主宰之天"在《易》之《彖》、《象》等中，没有地位。我们再看《易》中所说之天：

大哉乾元，万物资始，乃统天。云行雨施，品物流行。大明终始，六位时成，时乘六龙以御天。乾道变化，各正性命。（《乾·彖》）

天地以顺动，故日月不过而四时不忒。（《豫·彖》）

反复其道，七日来复，天行也；复其见天地之心乎。（《复·彖》）

天地感而万物化生。（《咸·彖》）

天地之道，恒久而不已也。（《恒·彖》）

天行健，君子以自强不息。（《乾·象》）

大哉乾乎，刚健中正，纯粹精也；六爻发挥，旁通情也；时乘六龙；以御天也，云行雨施，天下平也。（《乾·文言》）

天尊地卑，乾坤定矣。卑高以陈，贵贱位矣。动静有常，刚柔断矣。方以类聚，物以群分，吉凶生矣。在天成象，在地成形，变化见矣。是故刚柔相摩，八卦相荡。鼓之以雷霆，润之以风雨。日月运行，一寒一暑。乾道成男，坤道成女。乾知大始，坤作成物。乾以易知，坤以简能……（《系辞》）

这些话究竟是什么意思，我们暂不必管。不过我们读了以后，我们即觉在这些话中，有一种自然主义的哲学；在这些话中，决没有一个能受"祷"，能受"欺"，能"厌"人，能"丧斯文"之"主宰之天"。这些话里面的天或乾，不过是一种宇宙力量，至多也不过是一个"义理之天"。

一个人的思想，本来可以变动，但一个人决不能同时对于宇宙及人生真持两种极端相反的见解。如果我们承认《论语》上的话是孔子所说，又承认《易》之《彖》、《象》等是孔子所作，则我们即将孔子陷于一个矛盾的地位。因为上所引《论语》中的话，不一定都是孔子早年说的；我们也不能拿一个人早年晚年之思想不同以作解释。

或者可以说《论语》中所说，乃孔子对门弟子之言，是其学说之粗浅方面，乃"下学"之事，《易》之《彖》、《象》等中所说，乃孔子学说之精深方面，乃"上达"之事，群弟子所不得知者。所以子贡说：

> 夫子之文章，可得而闻也；其言性与天道，不可得而闻也。(《论语·公冶长》)

但《论语》中所载，孔子所说"天之将丧斯文"，"天生德于予"之言，并非对弟子讲学，而乃直述其内心之信仰。若孔子本无此信仰，而故为此说以饰智惊愚，则是王莽欺世的手段，恐非讲忠恕之孔子所出。且顾亭林已云：

> 延平先生答问曰："夫子之道，不离乎日用之间。自其尽己而言，则谓之忠；自其及物而言，则谓之恕……曾子答门人之问，正是发其心尔，岂有二耶？若以为夫子一以贯之之旨甚精微，非门人所可告，姑以忠恕答之，恐圣贤之心，不若是之支也。"(《日知录》卷七《忠恕》)

又云：

子曰："二三子以我为隐乎？吾无隐乎尔。吾无行而不与二三子者，是丘也。"谓"夫子之言性与天道不可得而闻，"是疑其有隐者也。不知夫子之文章，无非夫子之言性与天道；所谓吾无行而不与二三子者，是丘也。（《日知录》卷七，《夫子之言性与天道》）

孔子所讲，本只及日用伦常之事。观《易》之《文言》等中，凡冠有"子曰"之言，百分之九十九皆是讲道德的，更可知矣。至其对于宇宙，他大概完全接受传统的见解。盖孔子只以人事为重，此外皆不注意研究也。所以他说：

未能事人，焉能事鬼？……未知生，焉知死？（《论语·先进》）

根据以上所说，及别人所已经说过的证据，我以为孔子果然未曾制作或删正六经或六艺。

不过后人为什么以六艺为特别与孔子有密切的关系？这是由于孔子以六艺教学生之故。以六艺教人，并不必始于孔子，据上所引《国语》，士亹教楚太子之功课表中，也即有《诗》，《礼》，《乐》，《春秋》，《故志》等。《左传》、《国语》中所载当时人物应答之辞，都常引《诗》《书》；他们交接用《礼》，卜筮用《易》，可见当时至少一部分的贵族人物，都读过这些书，受过这等教育。不过孔子却是以六艺教一般人之第一人。这一点下文再提。现在我们只说，孔子之讲学，与其后别家不同。别家如道、墨等，皆注重其自家之一家言，如《庄子·天下》篇说，墨家弟子诵《墨经》。但孔子则是一个教育家。他讲学的目的，在于养成"人"，养成为国家服务的人，并不在于养成某一家的学者。所以他教学生读各种的书，学各种功课。所以颜渊说："博我以文，约我以礼。"（《论语·子罕》）《庄子·天下》篇讲及儒家，即说：

《诗》以道志，《书》以道事，《礼》以道行，《乐》以道和，《易》以道阴阳，《春秋》以道名分。

这六种正是儒家教人的六种功课。

惟其如此，所以孔子的学生之成就，亦不一律。《论语》上说：

德行：颜渊闵子骞；政事：冉有季路；言语：宰我子贡；文学：子游子夏。(《先进》)

又如子路之"可使治赋"；冉有之"可使为宰"；公西华之"可使与宾客言"；皆能为"千乘之国"办事。(《论语·公冶长》)可见孔子教学生，完全要教他成"人"，不是要教他做一家的学者。

孔子以以前已有的成书教人，教之之时，如廖季平所谓"选诗选文"，或亦有之。教之之时，随时讲解，或亦有之。如《论语》：

"不恒其德，或承之羞。"子曰："不占而已矣。"(《子路》)

《易·系辞》中对于诸卦爻辞之引申解释之冠以"子曰"者，虽非必果系孔子所说，但孔子讲学时可以对《易》有类此之解释。如以此等"选诗选文"，此等随时讲解，为"删正六经"，为"赞易"，则孔子实可有"删正"及"赞"之事，不过这等"删正"及"赞"实没有什么了不得的意义而已。后来儒家因仍旧贯，仍继续用六艺教人，恰又因别家只讲自家新学说，不讲旧书，因之六艺遂似专为儒家所有，为孔子所制作，而删正（如果有删正）亦即似有重大意义矣。

《汉书·艺文志》以为诸子皆六艺之"支与流裔"。《庄子·天下》篇似亦同此见解。这话亦并非毫无理由，因为所谓六艺本来是当时人的共同知识。自各家专讲其自己之新学说后，而六艺乃似为儒家之专有品，其实原本是大家共有之物也。但以为各家之学说，皆六艺中所已有，则不对耳。

总之孔子是一个教育家。"述而不作，信而好古"（《论语·述而》），"学而不厌，诲人不倦"（同上），正是他为他自己下的考语。

这样说起来，孔子只是一个"教授老儒"；但他却并不是"碌碌无所建树"，并不即"比于伏生，申公"。下文的主要意思就是要证明三点：

（一）孔子是中国第一个使学术民众化的，以教育为职业的"教授老儒"；他开战国讲学游说之风；他创立，至少亦发扬光大，中国之非农非工非商非官僚之士之阶级。

（二）孔子的行为，与希腊之"智者"相仿佛。

（三）孔子的行为及其在中国历史上的影响，与苏格拉底的行为及其在西洋历史上的影响相仿佛。

上文已经说过，士亹教楚太子的功课表中，已有《诗》，《礼》，《乐》，《春秋》，《故志》等。但此等教育，并不是一般人所能受。不但当时的平民未必有机会受这等完全教育，即当时的贵族也不见得尽人皆有受此等完全教育之机会。韩宣子系晋世卿，然于到鲁办外交的时候，"观太史氏书"始得"见《易》象与鲁《春秋》"（《左传》昭公二年）。季札也到鲁方能听各国之诗与乐（《左传》襄公二十九年）。可见《易》《春秋》《乐》《诗》等，都是很名贵的典籍学问了。

孔子却抱定一个"有教无类"（《论语·卫灵公》）的宗旨，"自行束修以上，吾未尝无诲焉"（《论语·述而》）。如此大招学生，不问身家，凡缴学费者即收，一律教以各种功课，教读各种名贵的典籍。这是何等的一个大解放！故以六艺教人或不始于孔子；但以六艺教一般人使六艺民众化则实始于孔子。

我说孔子是第一个以六艺教一般人者，因在孔子以前，在较可靠的书内，我们没有听说有什么人曾经大规模的召许多学生而教育之。更没有听说有什么人"有教无类"的号招学生。在孔子同时，据说有个少正卯，"其居处足以撮徒成党，其谈说足以饰褒荣众，其强御足以反是独立"（《孔子家语》）。据说少正卯也曾大招学生，"孔子门人三盈三虚，惟颜渊不去"（《新论》）。庄子说：

读书篇

> 鲁有兀者王骀，从之游者与仲尼相若。（《德充符》）

不过孔子诛少正卯事，昔人已谓是假的，少正卯之果有无其人，亦不可知。庄子寓言十九，王骀之"与孔子中分鲁"，更不足信。故大规模招学生而教育之者，孔子是第一人。以后则各家蜂起，竞聚生徒，然此风气实孔子开之。

孔子又继续不断的游说干君，带领学生，各处招摇。此等举动，前亦未闻，而以后则成为风气；此风气亦孔子开之。

再说孔子以前未闻有不农不工不商不仕，而只以讲学为职业，因以谋生活之人。古时除了贵族世代以做官为生者外，我们亦尝听说有起于微贱之人物。此等人物，在未仕时，皆或为农或为工或为商，以维持其生活。孟子说：

> 舜发于畎亩之中；傅说举于版筑之间；胶鬲举于鱼盐之中；管夷吾举于士；孙叔敖举于海；百里奚举于市。（《告子》）

孟子的话，虽未必尽可信，但孔子以前，不仕而又别不事生产者，实未闻有人。《左传》中说冀缺未仕时，亦是以农为业（《僖公》三十三年，西历纪元前 627 年）。孔子早年，据孟子说，亦尝为贫而仕，"尝为委吏矣"，"尝为乘田矣"（《万章下》）。但自"从大夫之后"，大收学生以来，即纯以讲学为职业，为谋生之道。不但他自己不治生产，他还不愿教弟子治生产。樊迟"请学稼"，"请学圃"，孔子说："小人哉，樊须也。"（《论语·子路》）子贡经商，孔子说：

> 赐不受命，而货殖焉；亿则屡中。（《论语·先进》）

他这种不治生产的办法，颇为其时人所诟病。据《论语》所说，荷蓧丈人骂孔子：

　　四体不勤，五谷不分。(《微子》)

此外晏婴亦说：

　　夫儒者滑稽而不可轨法；倨傲自顺，不可以为下；崇丧遂哀，破产厚葬，不可以为俗；游说乞贷，不可以为国。(《史记·孔子世家》)

《庄子》亦载盗跖骂孔子云：

　　尔作言造语，妄称文武……多辞缪说，不耕而食，不织而衣，摇唇鼓舌，擅生是非，以迷天下之主，使天下学士，不反其本，妄作孝弟而徼幸于封侯富贵者也。(《盗跖》)

　　这些批评未必果是晏婴盗跖所说，《庄子》里面的话，尤不可靠，但这些批评却是当时可能有的。

　　战国时之有学问而不仕者，亦尚有自食其力之人。如许行"与其徒数十人，皆衣褐，捆屦，织席，以为食"(《孟子·滕文公》)。陈仲子"身织屦，妻辟纑"(同上) 以自养。但孟子则不以为然。孟子自己是"后车数十乘，从者数百人，以传食于诸侯"；此其弟子彭更即以为"泰"(同上)，他人当更有批评矣。孟子又述子思受养的情形，说：

　　缪公之于子思也，亟问亟馈鼎肉。子思不悦。于卒也，摽使者出诸大门之外，北面稽首再拜而不受。曰："今而后知君之犬马畜伋。"……曰："敢问国君欲养君子，如何斯可谓养矣？"曰："以君命将之，再拜稽首而受。其后廪人继粟。庖人继肉，不以君命将之。子思以为鼎肉使己仆仆尔亟拜也，非养君子之道也。"(《万章下》)

观此可知儒家的一种风气。惟其风气如此，于是后来即有一种非农，非工，非商，非官僚之"士"，不治生产而专待人之养己。这种士之阶级，孔子以前，似乎也没有。以前所谓士，多系大夫士之士，或系男子军士之称，非后世所谓士农工商之士也。

《管子》书中《乘马第五》有《士农工商》一节;《国语·齐语》亦述管仲语云：

> 四民者勿使杂处，杂处则其言咙，其事易……昔圣王之处士也，使就闲燕，处工就官府，处商就市井，处农就田野……是故士之子恒为士……工之子恒为工……商之子恒为商……农之子恒为农，野处而不昵。其秀民之能为士者，必足赖也。有司见而不以告，其罪五……工商之乡六，士乡十五……君有此士也三万人，以方行于天下。

这也是管仲的话。一卷齐语，只有管仲相桓公，霸诸侯一段事。似乎这段与《管子》书中所说，是同一来源。即令《管子》不是假的，这两个证据，也只算一个。就上引管仲一段话而言，其中也有前后不一致的地方。既曰士农工商各以世及，而又说农"野处而不昵。其秀民之能为士者，必足赖也"; "有司"又须"以告"。"有此士也三万人"之士，似乎又以士为军士。韦昭于"士乡十五"下注云："此士，军士也。十五乡合三万人，是谓三军。"若军士非即士农工商之士，则岂非有"五民"吗？此外又有一个反证，《左传》宣公十二年（西历纪元前597）随武子论楚国云：

> 昔岁入陈，今兹入郑，民不罢劳，君无怨讟，政有经矣。荆尸而举，商农工贾，不败其业，而卒乘辑睦。

若士农工商，已是当时普通所谓"四民"，为什么随武子不说士农工商"不败其业"，而说"商农工贾"呢？孔颖达正义云：

> 齐语云："……处士就闲燕……"彼四民谓士农工商。此数亦四，无士而有贾者，此武子意言举兵动众，四者不败其业。发兵则士从征，不容复就闲燕。

"发兵则士从征"，可见孔颖达亦以《齐语》所说士为非以后所谓士农工商之士。

《管子》系伪书，其中所说，当系孔子以后情形。我所以以为，在孔子以前，似乎没有以后所谓士农工商之士阶级。这种阶级，只能做两种事情，即做官与讲学。直到现在，各学校的毕业生，无论是农业学校或工业学校，还只有当教员做官两条谋生之路，这所谓：

> 仕而优则学；学而优则仕。(《论语·子张》)

孔子即是此阶级之创立者，至少亦是其发扬光大者。

这种阶级为后来法家所痛恶。韩非子说：

> 博习辩智如孔墨，孔墨不耕耨，则国何得焉？修孝寡欲如曾史，曾史不战攻，则国家何利焉？(《韩非子·八说》)

> 儒以文乱法，侠以武犯禁……今修文学习言谈，则无耕之劳而有富之实，无战之危而有贵之尊，则人孰不为也？(《韩非子·五蠹》)

孔子与希腊"智者"，其行动颇相仿佛。他们都是打破以前习惯，开始正式招学生而教育之者。"智者"向学生收学费以维持其生活：此层亦大为当时所诟病。孔子说：

> 自行束修以上，吾未尝无诲焉。

读书篇

他虽未必收定额学费，但如"贽"之类，是一定收的。孔子虽可靠国君之养，未必专靠弟子的学费维持生活，但其弟子之多，未尝不是其有受养资格之一。所以我上文说，孔子以讲学为职业，因以维持生活。这并不损害孔子的价值；因为生活总是要维持的。

孔子还有一点与"智者"最相似，"智者"都是博学多能的人，能教学生以各种功课，而主要目的，在使学生有作政治活动之能力。孔子亦博学多能，所以

> 达巷党人曰："大哉孔子，博学而无所成名。"（《论语·子罕》）
>
> 太宰问于子贡曰："夫子圣者与，何其多能也？"子贡曰："固天纵之将圣，又多能也。"（同上）

孔子教人亦有各种功课，即所谓六艺是也。至于政治活动，亦为孔子所注意，其弟子可在"千乘之国""治赋"，"为宰"。季康子问仲由，赐，求，"可使从政也与？"孔子说"由也果"，"赐也达"，"求也艺"，"于从政乎何有？"（《论语·雍也》）这即如现在政府各机关之向各学校校长要人，而校长即加考语荐其毕业生一样。

孔子颇似苏格拉底。苏格拉底本亦是一"智者"。其不同在他不向学生收学费，不卖知识。他对于宇宙问题，无有兴趣，对于神之问题，接受传统的见解。孔子亦如此，如上文所说。苏格拉底自以为负有神圣的使命，以觉醒其国人为己任。孔子亦然，所以有"天生德于予"，"天之未丧斯文，匡人其如予何"之言。苏格拉底以归纳法求定义（亚力士多德说），以定义为吾人行为之标准。孔子亦讲，"正名"，以"名"为吾人行为之标准。苏格拉底注重人之道德的性质。孔子亦视人之完全人格，较其"从政"之能力，尤为重。故对于子路、冉有、公西华，虽许其能在"千乘之国""治赋"，"为宰"，"与宾客言"，而独不许其为"仁"（《论语·公冶长》）。苏格拉底自己不著书，而后来著书者多假其名（如柏拉图之《对话》）。孔子亦

不著书，而后来各书中"子曰"极多。苏格拉底死后，其宗派经柏拉图、亚力士多德之发挥光大，遂为西洋哲学之正统。孔子之宗派，亦经孟子、荀子之发挥光大，遂为中国哲学之正统。

即孔子为中国苏格拉底之一端，即已占甚高之地位。况孔子又为使学术普遍化之第一人，为士之阶级之创立者，至少亦系其发扬光大者；其建树之大，又超过苏格拉底。谓孔子不制作或删正六艺即为"碌碌无所建树"者，是谓古之发明帆船者不算发明，必发明潜艇飞机，始为有所建树也。

孔子为士之阶级之创造者，至少亦系其发扬光大者，而中国历代政权，向在士之手中，故尊孔子为先师先圣。此犹木匠之拜鲁班，酒家之奉葛仙也。

曾国藩的哲学思想

曾国藩所保卫的中国传统文化，主要是宋明道学。他是一个道学家，但不是一个空头道学家。他的哲学思想的发展有两个阶段，其主要标志是由信奉程朱发展到信奉王夫之。这个发展是在和他的对立面作斗争中实现的。

第一阶段：1841 年起，曾国藩开始从唐鉴学道学，信奉程朱。其表现为尔后十年之间历兼五个部的侍郎时，曾提出一些改革时政的意见，但多未实行，深感苦恼。此时他坚持唐鉴的"居敬而不偏于静，格物而不病于琐，力行而不迫于隘"的原则（曾国藩《书〈学案小识〉后》，《文集》卷二），虽信奉程朱，而他又认为程朱"指示之语，或失于隘"，惟"张子之《正蒙》，醇厚正大，邈焉寡俦"（《致刘孟容》，《书札》卷一）。

第二阶段：1852 年起，曾国藩在政治上和军事上成为洪秀全和太平天国的对立面。在这场斗争中，曾国藩自觉地以道学的教义与对方的基督教教义相对抗。本书第五册曾指出，道学有气学、理学、心学三派。当时流行的理学、心学两派，照曾国藩的理解，是或"偏于静"，或"病于琐"，或"迫于隘"（《书〈学案小识〉后》），其教义不宜作为斗争的武器。这种斗争武器，自然只有到气学一派中去寻找。他本来就认为惟有张载的《正蒙》"醇厚正大，邈焉寡俦"，这时候更发现王夫之的《正蒙注》以及全部《船山遗书》正是他所要寻找的武器。

正因为《船山遗书》中的教义是他所需要的武器，我们才能理解，为什么他在和太平军作战的最紧张、最激烈的时刻，竟然刊刻《船山遗书》。他亲自校阅他认为最重要的一百一十七卷，占全书三百二十二卷的三分之一以上，刊正了七十余处。于1864年在安庆设书局开刻，很快就在1865年完成。在1866年，他又"拟阅校船山《周易内传》"（丙寅七月日记），这是他前所未校的。同年十月日记云："夜，又批船山礼记二条。余阅此书，本为校对讹字，以便修版，再行刷印"，而自许为"精勤"。此年八月在家书中嘱儿子纪泽、纪鸿读王夫之的《读通鉴论》（《家训》卷下）。其后他本人在批示文牍时屡引王夫之言论，如1868年批杨德亨禀云："先正王船山"以"察吏安民"四字"为人臣屋漏自课之道"（《批牍》卷四）。1871年批苏松太道禀云："近世儒者王船山于社仓、义仓等事，皆反复讥议，乍见似骇听闻，深思乃有至理。"（《批牍》卷五）当然，《船山遗书》作为精神武器的作用，是不能只从文字求之的，但从这些文字也可窥见一斑了。

曾国藩写了《船山遗书序》，序文说：

　　正船山先生遗书，同治四年十月刻竣，凡三百二十二卷，国藩校阅者：《礼记章句》四十九卷，《张子正蒙注》九卷，《读通鉴论》三十卷，《宋论》十五卷，《四书》、《易》、《诗》、《春秋》诸经《稗疏》、《考异》十四卷；订正讹脱百七十余事。军中鲜暇，不克细细全编。乃为序曰：

　　昔仲尼好语"求仁"，而雅言"执礼"，孟氏亦仁、义并称。盖圣王所以平物我之情，而息天下之争，内之莫大于仁，外之莫急于礼。自孔孟在时，老庄已鄙弃礼教；杨墨之指不同，而同于贼仁。厥后众流歧出，载籍焚烧，微言中绝，人纪紊焉。汉儒掇拾遗经，小戴氏乃作记以存礼于什一。又千余年，宋儒远承坠绪，横渠张氏乃作《正蒙》，以讨论为仁之方。船山先生注《正蒙》数万言，注《礼记》数十万言：幽以究民物之同原，显以纲维万事，弭世乱于未形。其于古昔明体达用、盈科后进之旨，往往近之。

　　……先生殁后，巨儒迭兴：或攻良知捷获之说，或辨《易图》之凿，或详考名物、训诂、音韵，正《诗集传》之疏，或修补三《礼》时享之仪，号为卓绝。先生皆已发之于前，与后贤若合符契。虽其著述太繁，醇驳互见，然固可谓博文约礼、命世独立之君子已……同治初元，吾弟国荃乃谋重刻……庀局于安庆，蒇事于金陵，先生之书于是粗备。后之学者，有能秉心敬恕，综贯本末，将亦不释乎此也。（《文集》卷一）

序文还说王夫之匿迹终老于石船山，"荒山敝榻，终岁孳孳以求所谓育物之仁，经邦之礼，穷探极论，千变而不离其宗"。照曾国藩的理解，船山之学的精神，就是内仁外礼。内仁就是"幽以究民物之同原"，外礼就是"显以纲维万事"。仁是体，礼是用，内仁外礼就是"明体达用"。但是内仁是"幽"，看不见；外礼是"显"，才看得见。所以曾国藩进一步认为："古之君子之所以尽其心养其性者不可得而见，其修身齐家治国平天下则一秉乎礼。自内焉者言之，舍礼无所谓道德；自外焉者言之，舍礼无所谓政事……荀卿、张载兢兢以礼为务，可谓知本好古，不逐乎流俗。"（《笔记·礼》，《杂著》卷一）曾国藩又更加简单明了地说："盖古之学者，无所谓经世之术也，学礼焉而已。"（《孙芝房侍讲〈刍论〉序》，《文集》卷一）所以李鸿章说曾国藩的"学问宗旨，以礼为归"（《曾文正公神道碑》）。专就经世之术说，曾国藩之学实可称为"礼学"。李鸿章还说：曾国藩"尝谓圣人者，自天地万物推极之至一室之米盐，无不条而理之"（同上）。就是说，从天地万物以至一家一户的柴米油盐，都是他的礼学的对象。

但是曾国藩的礼学，仍然强调"所谓有《关雎》、《麟趾》之精意，而后可行《周官》之法度"（《复刘霞仙中丞》，《书札》卷十四）。这是引用二程的学生杨时所记程颢的话："明道云：'必有《关雎》、《麟趾》之意，然后可行周公法度。'"（《程氏外书》卷十二，引《龟山语录》）二程和王安石都主张行"周礼"，但王安石是从富国强兵的"利"出发，二程的出发点则是《关雎》、《麟趾》之意"，也就是"至诚恻怛之心"（《代吕公著应诏上神宗皇帝书》，《程氏文集》卷五）。"至诚恻怛之心"就是"内仁"，行《周礼》就是"外礼"。

曾国藩一贯主张"不诚无物"（如《复贺耦庚中丞》,《书札》卷一），当然也就"不诚无礼"。《关雎》、《麟趾》之意","至诚恻怛之心",概括起来就是仁，所以也就"不仁无礼"。上文已引，曾国藩主张"舍礼无所谓道德"，也就"舍礼无诚"，"舍礼无仁"。总而言之，曾国藩的礼学，是将礼与诚、仁融为一体，而不是就礼论礼。

曾国藩对于辩证法亦有所见。他说：

> 盖天下之道，非两不立。是以立天之道。曰阴与阳；立地之道，曰柔与刚；立人之道，曰仁与义。乾坤毁则无以见易，仁义不明则亦无所谓道者。(《答刘孟容》,《书札》卷一）

又说：

> 一则生两，两则还于一。一奇一偶，互为其用，是以无息焉。物无独。必有对。(《送周荇农南归序》,《文集》卷一）

后来更概括地说：

> 国藩亦看得天下万事万理皆成两片。(《题方友石书后》,《书札》卷六）

这就是说，每个事物都是一个统一体，其中有两个对立面，这是辩证法的一个基本原则。据曾国藩说，他"看得天下万事万理皆成两片"，这说明这个原则对于他已经不是一种理论上的知识，而是一种直觉，一种体会，一种经验。这说明他对于这个原则有了比理论知识更进一步的认识。这些辩证思想，论其渊源，显然是从张载《正蒙》的"两不立则一不可见，一不可见则两之用息"，"有象斯有对"，（均见《太和篇》)"地所以两，分刚柔男女而效之，法也；天所以参，一太极两仪而象之，性也"(《参两篇》)而来。

读书篇

曾国藩之所以接受并信奉从张载到王夫之的气学，这是由于在与太平天国的斗争中，在教义方面，只有气学的"气"不可能曲解为类似上帝的东西，而理学的"理"和心学的"心"都有可能解释为类似上帝的东西，所以只有气学可以与洪秀全的"上帝"划清界线。曾国藩未必自觉到这一点，但这一点确实能划清两种对立的教义的界线。这一点，用我们现在的话说，就是，只有唯物主义才能彻底反对宗教。

以上是从曾国藩用道学的教义与洪秀全的基督教教义进行思想斗争中，论述曾国藩的哲学思想。至于在当时的实际斗争中，曾国藩还利用中国固有的宗教与西方传入的宗教作斗争，这已不属于哲学史范围，本书不予论述。

读《秦妇吟校笺》

陈寅恪先生有《读秦妇吟》一文，载民国25年10月《清华学报》29年陈先生增订改今名，另印单行本。值此乱离之际，殆所以寄期愤之意欤？陈先生著作，精密详审，此作亦非例外。其主要意思，在说明韦庄晚年所以讳言《秦妇吟》之故。据陈先生之考证，是时"从长安东出奔于洛阳者，如《秦妇吟》之秦妇，其路线须经近杨（复光）军防地"，"从长安西出奔于成都者，如金溪闲谈之李氏女，其路线亦须经近杨军防地"，"而杨军之八都大将之中，前蜀创业垂统之君，端已北西亲事之主（王建），即是其一。其余若晋晖李师泰之徒，皆前日杨军八都之旧将，后来王蜀开国之元勋也。当时复光屯军武功，或会兵华渭之日。颖不能不有如秦妇避难之人，及李女委身之事。端已一诗，流行一世，本写故国乱离之惨状，适触新朝宫闱之隐情。所以讳莫如深，志希免祸，以生平之杰构，古今之至文，而竞垂戒子孙，禁其传布者，其故傥在斯欤"。按陈先生谓韦庄所以讳言《秦妇吟》，因其有冒犯杨军之处，此点至为确切。惟其所以冒犯之处，则似尚有另一解释之可能。考诗中旁试问金天神"一段，谓"间日徒歆奠飨恩，危时不助神通力"，"旋教鬼傍乡村，诛剥生灵过朝夕"，此虽托为金天自责之词，但下文谓"妾此语愁更愁，天遣时灾非自由，神在山中犹避难，何须责望东诸侯"，如此，则金天自责之词，即是指斥当时军阀之语。而杨复光所帅为陈蔡之兵。其友军统帅王重荣，又为东西招讨使，正所谓东诸侯也。又诗中"明朝又过新安东"一段，指斥军官之残暴扰民，过于黄巢。而杨复光帅陈蔡之兵，西入关中，其路线有经过新安之可能。如此，则此段所指斥，又为杨复光军，或有为杨复光军之嫌。由此言之，则韦庄所以讳言《秦妇吟》者，因其诗中指斥当时军阀，而其所指斥之军阀，又适为杨复光军，或有为杨复光军之嫌。而其所事新朝之主，及新朝中一部之同僚，又适为前杨复光军中要人。故其讳言此诗，不但为志希免祸，且系出于人情之常，所谓"不好意思"者。此另一解，姑志之以待陈先生之指正焉。

王国维的《人间词话》

《人间词话》（以下简称《词话》）是王国维的美学基本著作，因其言简意赅，文约义丰，各条之间又没有形式上的联系，读者但觉其意味深厚，而苦于难准确地把握其理论系统，所以《词话》号称难读。本章企图把各条连贯起来，说明王国维的美学理论系统，其间也掺加了一些本书作者个人的经验，希望不至于"喧宾夺主"、"画蛇添足"。

《词话》第一条说：

> 词以境界为最上，有境界则自成高格，自有名句。

这是王国维美学的第一义，他是就词说的，但其意义不限于词。任何艺术作品如果不表达一个境界，那就不成其为艺术作品，至少说不能成为艺术作品的上乘。什么是境界？王国维在《词话》中没有说。

如果要继续往下说，本书认为必须先在名词上作一番调整。王国维在这里所说的境界他已称为"意境"，他说：

> 古今词人格调之高，无如白石。惜不于意境上用力，故觉无言外之味、弦外之响，终不能与于第一流之作者也。（《词话》第四十二条）

王国维这里所说的意境正是他在别条所说的境界。本书认为哲学所能使人达到的全部精神状态应该称为境界，艺术作品所表达的可以称为意境，《词话》所讲的主要是艺术作品所表达的，所以应该称为意境。这里所说的

读书篇

"应该"并不是本书强加于王国维的，这是从他的美学思想的内部逻辑推出来的，而且是王国维自己用的一个概念。所以在以下讨论中除引文外，本文都用"意境"这个名词。

《词话》的第二条说：

> 有造境，有写境，此理想与写实二派之所由分。然二者颇难分别。因大诗人所造之境，必合乎自然，所写之境，亦必邻于理想故也。

这条所说的就是真正艺术家的意境的内容，其中有自然的东西，也有艺术家的理想。所以真正的艺术家的"意境"是出于自然而又高于自然。真正的艺术家有了这样的意境，而又用语言、文字、声音等手段把它表达出来，这就是最高的艺术作品。

王国维的这话不但说明了什么是意境，而且说明了为什么叫意境。在一个艺术作品中，艺术家的理想就是"意"，他所写的那一部分自然就是"境"，意和境浑然一体，就是意境。

总起来说，王国维认为，一个艺术作品都有理想和写实两个成分。写实是艺术家取之于自然的，理想是艺术家自己所有的。前者是"境"，后者是"意"，境加上意就成为意境。意境是艺术作品的意境，也是艺术家的意境。这里所说的两个成分，所说的"加上"，是艺术批评家的话，艺术批评家对于一个艺术作品作了分析以后才这样说的。实际上艺术家并不这样说，也不这样想，在他的作品中理想和写实是浑然不分的。《词话》第二条所说的就是这个道理。

《词话》又补充了一项。第六条说：

> 境非独谓景物也。喜怒哀乐，亦人心中之一境界。故能写真景物、真感情者，谓之有境界。否则谓之无境界。

这里所说的景就是一个艺术作品所写的那一部分自然，称之为景，是对情而言。对情而言则曰景，对意而言则谓之境，这条是说一个艺术作品还要表达一种情感。意、境、情三者合而为一，浑然一体，这才成为一个完整的意境。

浑然一体是就实际上的艺术意境说的。美学作为一种理论，则必须把它们分割起来作进一步的分析。王国维的《词话》所做的就是这个工作，本书也企图就这一方面说明他的美学思想。什么是感情，这是很明显的，就不必多说了，下边所要着重说明的是意和境的分别。

王国维很欣赏冯延已写春草的那一句词："细雨湿流光"，认为这是"摄春草之魂"（第二十三条）。春草本来是没有魂的，所谓春草之魂就是词人的意境。这一句词不但写了春草，也写了作者的感情。

《词话》第二十六条说：

> 古之成大事业、大学问者，必经过三种之境界："昨夜西风凋碧树。独上高楼，望尽天涯路。"此第一境也。"衣带渐宽终不悔，为伊消得人憔悴。"此第二境也。"众里寻他千百度，回头蓦见，那人正在灯火阑珊处。"此第三境也。

王国维在这里先说是"三种境界"，后来又说是"三境"。如果把境界了解为意境，那就只能称为三境。因为所说的三阶段是客观上本来有的、其中并没意义，所以不能称为意境。不过，王国维把这三阶段和词人的那几句词联系起来，那就是对于三阶段有理解、有感情，王国维的那一段话就成为一种意境了。但是，这不是原来的词人的意境，而是王国维的意境。意境和境是不同的，二者不是同义语。了解这个不同，对于了解什么是意境大有帮助。

《词话》第三条说：

> 有有我之境，有无我之境。"泪眼问花花不语，乱红飞过秋千去"，"可堪孤馆闭春寒，杜鹃声里斜阳暮"，有我之境也。"采菊东篱下，悠

然见南山"，"寒波澹澹起，白鸟悠悠下"，无我之境也。有我之境，以我观物，故物皆著我之色彩。无我之境，以物观物。故不知何者为我，何者为物。古人为词，写有我之境者为多，然未始不能写无我之境，此在豪杰之士能自树立耳。

这里所说的两个"境"，也就是境，不是意境。所谓"以我观物"和"以物观物"都是"观"。观必有能观和所观，能观是"我"，所观是"物"。"采菊东篱下"那一首诗说到"悠然见南山"的"见"者是"我"。"山气日夕佳，飞鸟相与还"是见者之所见，是"物"。结尾说："此中有真意，欲辨已忘言。"陶潜认识到一个"真意"，这个真意可怎么说呢？他想说，可是已经"忘言"了。这就是观者与所观已经融合为一了，这是这首诗的意境，也就是陶潜的意境。

由上边所讲的看起来，所谓意境，正是如那两个字所提示的那样，有意又有境。境是客观的情况，意是对客观情况的理解和情感。《词话》第七条说：

"红杏枝头春意闹"。著一"闹"字，而境界全出。"云破月来花弄影"。著一"弄"字，而境界全出矣。

如果只写"红杏枝头"，月下花影，那就是有境而无意，"闹"字和"弄"字把意点出来了，这才出来了意境，这就成为这件艺术作品和它的作者的意境。

以上是本文对于王国维所说的"境"的分析和说明。以下是本书对于他所说"意"的分析和说明。在一个艺术作品的意境中，意是艺术家的理想，在一个艺术作品的意境中占主导的地位。

一个西方人看了京剧中的一个著名的男旦的表演后说，他所表演的女性比女性更女性，就是说比实际中的妇女更像妇女。实际中的女性就是自然，那个男旦所表演的女性是艺术。艺术出于自然高于自然。《古诗十九首》中有一首《西北有高楼》，写一个妇女在唱一首悲歌，诗中说：

清商随风发，中曲正徘徊；一弹再三叹，慷慨有余哀。

这首诗的作者不知是什么人，但一定是一个音乐家。所谓"中曲"，就是那个曲子发展到顶峰，唱曲的人就徘徊了。怎样"徘徊"呢？下句说："一唱再三叹"，那个"再三"就是徘徊。"余哀"就是说比实际上的哀更哀，这个哀比实际的哀还多，所以称为余哀。这里所说的作曲者和唱曲者的意境不是一般的人所能理解的，所以下边接着说："不惜歌者哭，但伤知音稀。"歌唱和欣赏一个音乐作品必须理解、甚至"入于"作品的意境中，才算知音。

一个真正的艺术作品都有这个"余"所表示的那种意境，所以人们欣赏起来就觉得有"言外之味，弦外之响"。就是说，人们于艺术作品本身之外还有更多的享受，好像是从艺术作品本身横溢出来的。中国传统的文艺批评中有一句常用的话："言有尽而意无穷。"这句话所说的就是这个道理。

上边说到，"比女性还女性"，"比实际的哀还哀"，这都是比较之词。比较必须有个标准，这里所用的标准是什么呢？照叔本华的说法，这个标准就是柏拉图式的理念。王国维在《〈红楼梦〉评论》第五章中，全文引用了叔本华的这段话，可见他也是这样想的。一类事物的理念，就是这一类事物的最高标准，就是这一类事物之所以为这一类事物者。这一类的事物有得于这个标准，才成为这一类的事物。但实际上没有完全合乎这个标准的，所以柏拉图认为，实际中的事物都是理念的不完全的摹本。艺术作品可以用各种不同的手段写出理念，所以叔本华说。如果自然看到艺术作品会说，这正是我所要做而做不出的东西。这就是艺术家和艺术作品的意境。可以说艺术家的最高理想是对于"理念"的直观的认识。

所谓直观就是说它不是就一类事物的共同之处用逻辑的归纳法得来的。用逻辑归纳法得来的只能是一个抽象的概念，而不是一个"理念"，它可以作为一个科学的定义，而不能作为一个艺术作品的意境。王国维在《释理》

读书篇

那篇论文中说，事物有许多类，每一类的事物都有公共之处；人们从这一类的具体事物中把它们的共同之处抽象出来，成为一个概念，这些概念就是科学定义一类的东西，这些都是无情的理智的产物。艺术的意境不是抽象的概念，它具有情感。科学的定义和艺术的意境完全是两回事，不能混淆。如果混淆了，在科学就成为坏科学，在艺术就成为坏艺术。

懂得这个道理，也就懂得《词话》所讨论的第二个问题："隔"与"不隔"。

《词话》第四十条说：

> 问"隔"与"不隔"之别，曰：陶、谢之诗不隔，延年则稍隔矣。东坡之诗不隔，山谷则稍隔矣。"池塘生春草"，"空梁落燕泥"等二句，妙处唯在不隔。词亦如是。即以一人一词论，如欧阳公《少年游》咏春草上半阕云："阑干十二独凭春，晴碧远连云。千里万里，二月三月，行色苦愁人。"语语都在目前，便是不隔。至云："谢家池上，江淹浦畔。"则隔矣。白石《翠楼吟》："此地宜有词仙，拥素云黄鹤，与君游戏。玉梯凝望久，叹芳草，萋萋千里。"便是不隔。至"酒祓清愁，花消英气"，则隔矣。然南宋词虽不隔处，比之前人，自有浅深厚薄之别。

《词话》第四十一条接着说：

> "生年不满百，常怀千岁忧。昼短苦夜长，何不秉烛游？""服食求神仙，多为药所误。不如饮美酒，被服纨与素。"写情如此，方为不隔。"采菊东篱下，悠然见南山。山气日夕佳，飞鸟相与还。""天似穹庐，笼盖四野。天苍苍，野茫茫，风吹草低见牛羊。"写景如此，方为不隔。

《词话》第五十一条又说：

"明月照积雪"，"大江流日夜"，"中天悬明月"，"长河落日圆"，此种境界，可谓千古壮观。求之于词，唯纳兰容若塞上之作，如《长相思》之"夜深千帐灯"，《如梦令》之"万帐穹庐人醉，星影摇摇欲坠"差近之。

《词话》第五十二条接着说：

　　纳兰容若以自然之眼观物，以自然之舌言情。此由初入中原，未染汉人风气，故能真切如此。北宋以来，一人而已。

　　上边所引的诗词各句都是作者的直观所得，没有抽象的概念，没有教条的条条框所以作者能不假思索，不加推敲，当下即是，脱口而出，这就是不隔。用抽象的概念加上思索、推敲，那就是隔了。

《词话》第六十二条说：

　　"昔为倡家女，今为荡子妇。荡子行不归，空床难独守。""何不策高足，先据要路津？无为久贫贱，轗轲长苦辛。"可谓淫鄙之尤。然无视为淫词、鄙词者，以其真也。

　　所谓"真"就是不隔。
　　《词话》提出了两个大原则：一个是意境，一个是不隔。这两个原则其实只是一个原则，那就是意境。隔与不隔是就意境说的，如果没有意境，那也就无所谓隔与不隔了。
　　王国维在评论中国文学史中的大作家的时候，提出了一个文艺批评的典范。他说：

三代以下之诗人，无过于屈子、渊明、子美、子瞻者。此四子者，苟无文学之天才，其人格亦自足千古。故无高尚伟大之人格，而有高尚伟大之文学者，殆未之有也。

天才者，或数十年而一出，或数百年而一出，而又须济之以学问，帅之以德性，始能产真正之大文学。此屈子、渊明、子美、子瞻等所以旷世而不一遇也。

屈子感自己之感，言自己之言者也。宋玉、景差，感屈子之所感，而言其所言，然亲见屈子之境遇与屈子之人格，故其所言，亦殆与自己之言无异……

屈子之后，文学上之雄者，渊明其尤也。韦、柳之视渊明，其如贾、刘之视屈子乎！彼感他人之所感，而言他人之所言，宜其不如李、杜也。

宋以后之能感自己之感、言自己之言者，其唯东坡乎！山谷可谓能言其言矣，未可谓能感所感也。（《文学小言》第六、七、十、十一、十二条，《静庵文集续编》）

这就是说，一个大诗人必须有极高的天才、伟大的人格，然后能感普通人所不能感，能用自己的话说出来。这就是说，他有自己的意境，用自己的话说自己的意境，所以他所写的是当下即是，脱口而出，别人看起来也感到语语都在眼前，这自然就是最高的艺术作品。这就是真，这就是不隔。

艺术作品最可贵之处是它所表达的意境。一个大艺术家有高明的天才，伟大的人格，广博的学问，有很好的预想，作出来的作品自然也有很高的意境，这是不可学的。王国维认为，北宋的词所以高于南宋者就在于前者有很高的意境，后者只在格律技巧上用工夫，后人都学南宋，不学北宋，因为意境是不可学的，格律技巧是可以学的，但是如果仅在格律技巧上取胜，那就不是艺术，至少不是艺术的上乘。（《词话》四十三条）

艺术作品所写的虽然都是作者直观所得的形象，但其意境又不限于那些形象，这就是艺术的普遍性。

《词话》第五十五条说：

> 诗之《三百篇》、《十九首》，词之五代北宋，皆无题也。非无题也，诗词中之意，不能以题尽之也。自《花庵》、《草堂》每调立题，并古人无题之词亦为之作题。如观一幅佳山水，而即曰此某山某河，可乎？诗有题而诗亡，词有题而词亡。然中材之士，鲜能知此而自振拔者矣。

这就是艺术的普遍性。

《词话》第六十条说：

> 诗人对宇宙人生，须入乎其内，又须出乎其外。入乎其内，故能写之。出乎其外，故能观之。入乎其内，故有生气。出乎其外，故有高致。美成能入而不出。白石以降，于此二事皆未梦见。

所谓"入乎其内"，就是入于实际的自然和人生。所谓"出乎其外"，就是从实际的自然和人生直观地认识"理念"。《词话》共六十四条，这一条已近尾声了。其中所说的理论也可以说是王国维的美学思想的总结。

附记

　　我在写这一章的时候，受到了不少的启发，也做了不少引申。因其不是王国维所说的，所以不便写入正文，但也许有助于人们理解王国维，所以另为附记。

　　1. 关于意境，我也有些经验。1937 年中国军队退出北京以后，日本军队过了几个星期以后才进城接收政权。在这几个星期之间，在政治上是一个空白。我同清华校务会议的几个人守着清华。等到日本军队进城接收了北京政权，清华就完全不同了。有一个夜晚，吴正之（有训）同我在清华园中巡察，皓月当空，十分寂静。吴正之说："静得怕人，我们在这里守着没有意义了。"我忽然觉得有一些幻灭之感。是的，我们守着清华为的是替中国守着一个学术上、教育上完整的园地。北京已不属于中国了，我们还在这里守着，岂不是为日本服务了吗？认识到这里，我们就不守清华了，过了几天，我们二人就一同往长沙去找清华了。后来我读到清代诗人黄仲则的两句诗：

　　"如此星辰非昨夜，为谁风露立中宵。"我觉得这两句诗所写的正是那种幻灭之感。我反复吟咏，更觉其沉痛。

　　到了长沙，我住在朋友家中的一个小楼上，经常凭栏远望，看见栏下有一棵腊梅花，忽然想起李后主的几句诗："独自莫凭栏，无限江山。别时容易见时难。"我觉得这几句话写亡国之痛深刻极了，沉痛极了。我也写了首诗，其中有一句说："凭栏只见腊梅花。""只见腊梅花"而已，至于广大北方的无限江山，那就"别时容易见时难"了。

　　清朝的一个大文艺批评家金圣叹，在评论小说的时候，遇见这种情况常用一句话说："千载以下同声一哭。"为什么"同声一哭"呢？因为有同类经验的人有相同的感受，所以就同声一哭了。

一类的人有相同的乐事，他们就会像《庄子》上所说的，"相视而笑，莫逆于心"。古代有个传说，伯牙弹琴，钟子期能听出其志在高山或志在流水，这个"志"字也应当作意境解。对于一个艺术作品，其技巧的高下是很容易看出的，对于其意境那就比较难欣赏了。钟子期能欣赏伯牙弹琴的意境，所以伯牙引为平生知音。

2. 陶潜的"采菊东篱下"是一首众所周知的好诗，另外还有一首好诗："孟夏草木长，绕屋树扶疏，众鸟欣有托，我亦爱吾庐。"仅用了四句就写出了天地万物各得其所的意境。这两首诗出现在两组组诗之内。第一组的总题是《饮酒》，第二组的总题是《读山海经》。虽然都有总题，但单就这两首说是无题的。李商隐有几首诗都以无题为题，他有意以无题为题，可见他对于无题更是心知其意。其中有两句说："春蚕到死丝方尽，蜡炬成灰泪始干。"这是哀民生之长勤。又说，"晓镜但愁云鬓改"，这是谈生死之无常。又说，"身无彩凤双飞翼，心有灵犀一点通"，这是痛好事之多磨。像这样的宇宙人生的大事，岂是用几个字的题目可以限制的？王国维对于无题特别发挥，这是特别有见于艺术的普遍性。

3. 王国维在《〈红楼梦〉评论》一文中，认为自杀并不是一个解脱之道，可是他自己却自杀了，这是什么原因呢？他曾经说："《三国演义》无纯文学之资格，然其叙关壮缪之释曹操，则非大文学家不办。《水浒传》之写鲁智深，《桃花扇》之写柳敬亭、苏崑生。彼其所为，固毫无意义，然以其不顾一己之利害，故犹使吾人生无限之兴味，发无限之尊敬，况于观壮缪之矫矫者乎！若此者，岂真如康德所云，实践理性为宇宙人生之根本欤？抑与现在利己之世界相比较，而益使吾人兴无涯之感也？则选择戏曲、小说之题目者，亦可以知所去取矣。"（《文学小言》第十六条，《静庵文集续编》）

王国维特别尊敬关羽，尤其是关羽"释曹"这一段经过，这就是所谓"身在曹营心在汉"。无论怎么说这总是一个矛盾。王国维也有一个矛盾，

读书篇

那就是"身在民国心在清"。在他的思想中这是一个实际的矛盾，并不是用什么空话可以解决的，他只好用实际的行动解决之，那就是自杀。

他死以后，清华的国学研究院为他立了一个纪念碑，陈寅恪作碑文，为他写诗。陈寅恪又在《颐和园词》中用一句诗概括地说王国维是"从容一死殉大伦"。

在现代革命时期，知道"大伦"这个名词的人已经不多，懂得其意的人就更少了。王国维的诗在政治上不起作用，在社会上也没有影响，所以本文也就存而不论了。

严复所介绍的《天演论》

严复在当时的最有影响的著作是他所介绍的《天演论》。他在英国留学的时候，达尔文的《物种探源》正在流行，达尔文主义恰好可以作为变法的理论根据。严复在《原强》中就介绍了达尔文的《物种探源》，他说其中有特别重要的两篇：

> 其一篇曰物竞。又其一曰天择。物竞者，物争自存也。天择者，存其宜种也。意谓民物于世，樊然并生，同食天地自然之利矣，然与接为构，民民物物，各争有以自存。其始也种与种争，群与群争，弱者常为强肉，愚者常为智役。及其有以自存而遗种也，则必强忍魁桀，趫捷巧慧，而与其一时之天时地利人事最其相宜者也。(《原强修订稿》,《严复集》第一册)

这几句话说出了变法的必要性和紧迫性。

紧接着《原强》，严复就翻译了英国科学家赫胥黎所著的《天演论》。严复所以没有翻达尔文的《物种探源》，而翻赫胥黎的《天演论》，大概是因为达尔文的这部书完全是一部自然科学的著作，从生物的进化发现了"天演公例"，即所谓达尔文主义。赫胥黎则把达尔文主义和社会联系起来，因此有人称赫胥黎所讲的是社会达尔文主义，认为是把达尔文主义应用到人类社会，为帝国主义侵略殖民地的人民提供理论的根据。其实，把达尔文主义同人类社会联系起来是一回事，而把达尔文主义应用到人类社会又是一回事。赫胥黎并不是要把达尔文主义应用到人类社会，而是认为达尔文主义不能应用于人类社会，这是本节所要说明的主要之点。

赫胥黎的这部书是一个论文集，其中主要的一篇的题目是《天演与伦理》所以全书也用这个题目。这一篇论文所讨论的主要问题是天演和伦理的矛盾，用严复译文中所用的名词来说就是"天行"和"人智"的矛盾。譬如说，一个人得了病，就是因为他的抵抗力弱，他是个弱者；别人不得病，因为他们的抵抗力强，他们是强者。照天演论的规律说，强者应该生存，弱者应该消灭。一个人得病而死，这是活该，可是在人的社会中有医院为人治病，这是保护弱者。这就是人智与天行的矛盾。赫胥黎并不是主张废除医院，他只是提出这个问题。

这是一个老问题。中国 9 世纪的一个诗人哲学家刘禹锡，作有《采论》三篇，提出了"天人交相胜"的论点。他所说的天是自然，所说的人是社会。他在《天论上》开头就说，"大凡入形器者，皆有能有不能。天，有形之大者也；人，动物之尤者也。天之能人固不能也，人之能天亦有所不能也。故余曰：天与人交相胜尔"。他又说：

> 天之道在生植，其用在强弱。人之道在法制，其用在是非。

他所说的"交相胜"，就是自然与社会的矛盾，这个矛盾的两个对立面谁也消灭不了谁，但其地位可以互相转化，有时这个对立面居于主导的地位，有时那个对立面居于主导的地位，这就是所谓"交相胜"。

赫胥黎的书所注意的正是这个矛盾。他的书的原名是《天演与伦理》，天演相当于刘禹锡所说的"天之道"，伦理相当于刘禹锡所说的"人之道"，严复也注意到赫胥黎所讨论的问题就是刘禹锡所提出的问题，他说：《天演论》的各篇"皆以尚力为天行，尚德为人治，争且乱则天胜，安且治则人胜。此其说与唐刘、柳诸家天论之言合"（"严译名著丛刊"，《天演论》）。严复更进一步说：

> 且专言由纯之杂、由流之凝，而不言由浑之画，则凡物之病且乱

者，如刘、柳元气败为痈痔之说，将亦可名为天演。此所以二者之外，必益以由浑之画而后义完也。（同上，）

这是说赫胥黎的《天演论》所讨论的问题虽然和刘、柳所讨论的是一个问题，但是《天演论》比刘、柳讲得更清楚，这就是"由浑之清"。

赫胥黎提出了这个问题，但没有说出怎样解决。英国的另一个哲学家斯宾塞尔倒是把这个问题解决了。严复很推崇斯宾塞尔，他在《天演论》的按语中有一部分不是讲赫胥黎，而是讲斯宾塞尔。就中国哲学史说，他是用斯宾塞尔的理论解决了"天人交相胜"的问题。照斯宾塞尔的解释，天之道和人之道是统一的，不是天人交相胜，而是天人一贯。

严复说：赫胥黎"谓群道由人心善相感而立，则有倒果为因之病，又不可不知也。盖人之由散入群，原为安利，其始正与禽兽下生等耳，初非由感通而立也。夫既以群为安利，则天演之事，将使能群者存，不群者灭；善群者存，不善群者灭。善群者何？善相感通者是。然则善相感通之德，乃天择以后之事，非其始之即如是也……赫胥黎执其末以齐其本，此其言群理所以不若斯宾塞氏之密也"（同上）。这是说赫胥黎仍然是从天行与人治对立的观点出发，以物竞、天择讲天行，以"善相感通"讲人治，不知道善相感通是天择以后之事，是天择的结果。也可能曾经有不能相感通的人，可是那些人已经为天择所淘汰了。赫胥黎把善相感通和天择对立起来，那就是"倒果为因"。

严复说，斯宾塞尔就不这样看。严复说：

夫斯宾塞所谓民群任天演之自然，则必日进善不日进恶，而郅治必有时臻者，其竖义至坚，殆难破也。何以言之？一则自生理而推群理。群者，生之聚也，今者合地体、植物、动物三学观之，天演之事，皆使生品日进，动物自孑孓蠕蠕，至成人身，皆有绳迹可以追溯……斯宾塞氏得之，故用生学之理以谈群学，造端此事，粲若列眉矣。然于物竞天择二义之外，最重体合，体合者，物自致于宜也。彼以为生既以天演而进，则群亦当以天演而进无疑。而所谓物竞、天择、体合三者，其在群亦与在生无以异，故曰任天演自然，则郅治自至也。（同上）

严复认为，斯宾塞尔于物竞、天择之外，又加上一个"体合"原则，"体合"就是"群"，就是社会组织。所谓体合，就是人在物竞、天择的过程中，"自致于宜者"。从这个观点看，人治与天行就不是对立的了，这就是天人一贯。由于严复认为斯宾塞尔解决了这个老问题，所以他非常推崇斯宾塞尔，他说：

斯宾塞尔者，与达同时，亦本天演著《天人会通论》，举天、地、人、形气、心性、动植之事而一贯之，其说尤为精辟宏富。其第一书开宗明义，集格致之大成，以发明天演之旨；第二书以天演言生学；第三书以天演言性灵；第四书以天演言群理；最后第五书，乃考道德之本源，明政教之条贯，而以保种进化之公例要术终焉。呜乎！欧洲自有生民以来，无此作也。（同上）

严复的《天演论》出来以后，立即发生了很大的影响。人们所注意的倒不是刘禹锡和赫胥黎所提出的那个哲学问题，而是所谓天演公例。天演公例所讲的竞争生存，优胜劣败，弱肉强食，成为当时知识分子经常引用的话。严复在《原强》中说：

吾所谓无以自存，无以遗种者，夫岂必"死者以国量平 [乎] 泽若蕉"而后为尔耶？第使彼常为君而我常为臣，彼常为雄而我常为雌，我耕而彼食其实，我劳而彼享其逸，以战则我居先，为治则我居后，彼且以我为天之僇民，谓是种也固不足以自由而自治也。（《原强》，《严复集》第一册）

这一段话和天演公例联系起来，使当时的中国人惊心动魄，人们都认识到，中国如果不能自强，必将堕入这种为牛为马的地位。

　　戊戌变法已经失败了，但斗争并未停止。譬如海上的潮水，一个浪头退下去，接着来的是一个更高的浪头。变法失败了，接着来的就是革命。严复不主张革命，也不赞成革命。他的《天演论》出在戊戌变法失败之后，推动变法已经来不及了，就成为推动革命的力量，这是严复所不及料的。

韩非《解老》、《喻老》篇新释

　　韩非是先秦一个进步思想家，是当时新兴地主阶级的代言人。他的自然观也是唯物主义的。这在《解老》、《喻老》两篇中很清楚地表现出来。

　　有人认为，《解老》、《喻老》并非韩非所作。《韩非子·五蠹》反对所谓"微妙之言"，《忠孝》反对所谓"恬淡之学"、"恍惚之言"。《老子》说：

　　　　古之善为士者，微妙玄通，深不可识。

又说：

　　　　道之为物，惟恍惟惚。

可见《老子》的学说，正是"微妙之言"、"恍惚之言"。韩非既反对这一类的"言"，怎么又作《解老》、《喻老》呢？（《韩非子考证》，容肇祖，商务印书馆，1936年版，第39-40页）

　　其实，韩非在《解老》、《喻老》这两篇中所解释的《老子》，既不"恍惚"，也不"微妙"。《解老》是与《管子》四篇（《白心》、《内业》、《心术》上、下），即早期道家，相通的，把精神解释为一种细微的物质，"精气"。《喻老》用生活中的实例说明《老子》，以见《老子》中的原则，都是生活经验的总结。这种唯物主义的、注重实际的思想，跟《韩非子》中的别篇是一致的。这两篇中，所表现的唯物主义自然观，正是他的进步的社会思想的根据。

章太炎说：

> 凡先秦解故之书，今多亡佚，诸子尤寡。《老子》独有《解老》、《喻老》两篇。后有说《老子》者，宜据韩非为大传，其贤于王辅嗣远矣。（《国故论衡下·原道上》）

他对于这两篇的估价，或许过高；但这两篇确实是《老子》的最早的注解。这两篇对于《老子》的解释，跟后来各家注解，都有显著的不同；这是尤可注意的。研究《老子》的人，也应该以此两篇为重要的参考。

可是，后来注《韩非子》的人对于这两篇多不得其解。这两篇的思想的本来面目，久已湮没了。现在把它重新揭露出来。这不惟有助于了解韩非，也有助于了解《老子》。

《老子》说：

> 上德不德，是以有德；下德不失德，是以无德。（三十八章）

韩非解释说：

> 德者，内也；得者，外也。上德不德（得），言其神不淫于外也。神不淫于外则身全，身全之谓德。德者，得身也。凡德者，以无为集，以无欲成，以不思安，以不用固。为之欲之，则德无舍，德无舍则不全；用之思之则不固，不固则无功。无功则生有德（得）。德（得）则无德；不德（得）则有德。故曰：上德不德（得），是以有德。（《解老》）

一般的注释向来都照"德"和"神"这两个名词的后来的意义，了解这一段。其实"德"和"神"是先秦道家的专门名词。韩非明白地说：

> 身以积精为德。（《解老》）

"神"是"精"的别名，照早期道家的说法，人所得的精气就是他的"德"。这些精气，应该加以保持，让它不能跑出来。一个人必须"无为"，这些精气才能集合在一起（"以无为集"）。他必须"无欲"，他的"德"才能完成（"以无欲成"）。他必须没有思虑，他的"德"才能安定下来（"以不思安"）。他对于这些精气必须不多使用，这些精气才能固定下来（"以不用固"）。如果不然的话，他的精气就没有合适停留的地方（"则德无舍"）。这样，他的身就不能安全，他的"德"也不能巩固，不能发生很大的效用（"不固则无功"）。

韩非认为"德"是人所有的"精气"；"得"是人对于外界的欲求。有了对外的欲求就是"神淫于外"，人如果这样，不仅失了他的"德"，而且做事也不能成功（"无功"）。《喻老》有一个实际的例。

赵襄主学御于王於期。俄而与於期逐，三易马而三后。襄主曰："子之教我御术未尽也。"对曰："术已尽，用之则过也。凡御之所贵，马体安于车，人心调于马，而后可以进速致远。今君后则欲逮臣，先则恐逮于臣。夫诱道争远，非先则后也。而先后心在于臣，上（尚）何以调于马？"（《喻老》）

在这个实际的例中，赵襄主的心中，要有所"得"，以致"神淫于外"，所以"无功"。他所以无功，因为他要有所得，所以说"无功则（一本无则字）生有德（得）"。要有所得，即不能不"神淫于外"，所以"德（得）则无德"。不要有所得，即能不"神淫于外"，所以"不德（得）则有德"。《老子》说：

祸莫大于不知足，咎莫大于欲得。（四十六章）

韩非对于三十八章的解释，是有根据的。

《老子》说：

> 善建者不拔，善抱者不脱。（五十四章）

韩非解释说：

> 恬淡有趋舍之义，平安知祸福之计。而今也玩好变之，外物引之。引之而往，故曰拔。至圣人不然，一建其趋舍，虽见所好之物不能引，不能引之谓不拔。一于其情，虽有可欲之类，神不为动，神不为动之谓之脱……身以积精为德，家以资财为德。（《解老》）

这就是韩非所了解的"恬淡"。照他所了解的，"恬淡"就是不欲求有"得"，不要"神淫于外"，不要散失了身体中所积的"精气"。这样，身体就可以发生最大的效用，做事就可以成功。这也可以说是"恬淡之言"。不过韩非的恬淡之言，跟庄子的"恬淡之言"是不同的。

《老子》说：

> 治人事天莫若啬，夫唯啬是谓早服，早服谓之重积德。（五十九章）

韩非解释说：

> 聪明睿知，天也；动静思虑，人也……书之所谓治人者，适动静之节，省思虑之费也。所谓事天者，不极聪明之力，不尽智识之任。苟极尽则费神多，费神多则盲聋悖狂之祸至，是以啬之。啬之者，爱其精神，啬其智识也，故曰：治人事天莫如啬。（《解老》）

"费神"是我们常说的一个名词。可是韩非所说的"费神"，有特别意义。照他所说的，人的聪明睿知，是人的身体中所藏的"精气"的表现。

读书篇

人的动作思维，对于"精气"都是一种消耗。"精气"消耗多了，动作思维，就要迟钝，甚而至于使人有生命的危险。因为照早期道家和韩非看起来，人的生命所以维持，就是由于他的身体中有足够的"精气"。所以对于"神"的"消费"，不可太多。用"神"必须要吝啬。

韩非接着说：

> 知治人者，其思虑静；知事天者，其孔窍虚。思虑静故德不去，孔窍虚则和气日入，故曰：重积德。夫能令故德不去，新和气日至者，啬服者也。故曰：啬服是谓重积德。(《解老》)

照这个解释，一个人应该尽力保持他原有的精气，让它不要跑走（"故德不去"）。另一方面，又要争取更多的外边的精气使他进来（"新和气日至"），这样，他的德就越来越多，就是所谓"重积德"。所谓"空窍"就是人的耳目等，早期道家和韩非都认为人身体中的"精气"是通过人的耳目以为出入的。

《老子》说：

> 不出户，知天下；不窥牖，见天道。其出弥远，其知弥少。(四十七章)

后来解《老子》的人，都把这几句话解释为《老子》的唯心主义认识论。韩非有完全不同的解释。他说：

> 空窍者，神明之户牖也；耳目弱于声色，精神竭于外貌，故中无主。中无主，则祸福虽如丘山，无从识之。故曰：不出于户，可以知天下，不窥于牖，可以知天道。此言神明之不离其实也。(《喻老》)

照这样的解释，"不出户"、"不窥牖"，是说一个人必须保持住他的身体里所有的精气，不让他从空窍（耳目口鼻等）中跑出来。这样，他的聪明智慧就可以发生最大的效用，以至于"知大下"，"见天道"。

韩非的这些思想跟早期道家是一致的。但是也有不同之处。

他不同意早期道家关于"虚"的见解。他说："所以贵无为无思为虚者，谓其意无所制也。夫无术者，故以无为无思为虚也。夫故以无为无思为虚者，其意常不忘虚，是制于为虚也。虚者，谓其意所无制也，今制于为虚，是不虚也。虚者之无为也，不以无为为有常。不以无为为有常则虚，虚则德盛。德盛之谓上德。故曰：上德无为而无不为也。"（《解老》）这也是对于《老子》三十八章的解释。韩非所了解的"虚"，就是心不为某一事物所支配（"意无所制"）。如果有意于"无为无思"，认为这样才算是"虚"（"故以无为无思为虚"），这样的人心就为"虚"所支配（"制于为虚"）。这样的"虚"实在是不虚。上面所引的赵襄主的例也可以说明这一点。他跟人家赛车，当他在别人前面的时候，他惟恐别人追上他；当他在别人后面的时候，他只想追过别人；这都是"意有所制"。只有"意无所制"，才可以成功。"意无所制"就是"无为"。只有"无为"，才可以"无不为"。但也不可有意于"无为"（"不以无为为有常"）。如果有意于"无为"，就又为"无为"所制。照韩非所了解的，真正的"无为"并不是经常什么事都不做，而实在是"无为而无不为"。"无为而无不为"是《老子》所说的，不过《老子》说这句话的时候，注重在"无为"，韩非解释这句话的时候，注重在"无不为"。

早期道家要求人保持精气，其目的是要保全生命。韩非要求人保持精气，其目的在于发挥自己的聪明智慧，以操制自然，战胜敌人。他解释了《老子》所说的"重积德"以后，接着说："积德而后神静，神静而后和多，和多而后计得，计得而后能御万物，能御万物则战易胜敌，战易胜敌而论必盖世，论必盖世，故曰：无不克。"（《解老》）这是新兴地主阶级在上升时期的气概。早期道家的唯物主义思想，跟新兴地主阶级结合起来，就发生了它应有的作用。韩非就是这样完成这个结合的哲学家。

韩非说：

读书篇

夫道者，弘大而无形；德者，核理而普至，至于群生，斟酌用之。万物皆盛，而不与其宁。(《扬权》)

从这几句话可以看出来在韩非的体系里"道"和"德"的关系。早期道家说，作为构成万物的物质实体的道就是"精气"，"其大无外"，但又是"其小无内"，"视之不见，听之不闻"。韩非说，道"弘大而无形"，也就是这种意思。德是一个事物所得于道的一部分，事物有了这一部分，就有它的性质，所以说是"核理"（详下）。每一个事物都有它的德，所以说是"普至"。所有的事物都从道得到或多或少的一部分，有或大或小的德（"至于群生，斟酌用之"）。一切事物都有所得于道，都有其德，然后才能成其为某种事物（"万物皆成"）。道并不是有目的地使万物安宁，而它们自然安宁（"而不与其宁"）。

韩非没有明确地说明道是"精气"。可是他说：

唯夫与天地之剖判也俱生，至天地之消散也不死不衰者谓常。而常者无攸易，无定理。无定理非在于常，是以不可道也。圣人观其玄虚，用其周行，强字之曰道，然而可论，故曰：道之可道，非常道也。（《解老》）

这应该是韩非对于《老子》第一章的解释。照这里所说的，天地也是有始有终的，始于剖判，终于消散。可见在有天地以前，有浑沌之气，剖判而为天地，天地消散复归于浑沌之气。这一个程序就是一个"周行"。由此我们可见，韩非所说的"道"也就是"气"或"精气"。

韩非提出来"理"这个范畴，在《解老》中，他有很多次说到。他说：

凡理者，方圆、短长、粗靡、坚脆之分也。故理定而后物可得道也。（《解老》）

照这些话看起来，韩非所谓理，就是事物所有的性质。事物有某一种性质，就成为某一种事物。这样它就有名可以称谓（"可得道也"）。理也是规律。

> 短长、大小、方圆、坚脆、轻重、白黑之谓理，理定而物易割也。故议于大庭而后言则立，权议之士知之矣。故欲成方圆而随其规矩，则万事之功形矣。而万物莫不有规矩，议言之士，计会规矩也。圣人尽随于万物之规矩。故曰：不敢为天下先。（《解老》）

这是对于《老子》六十七章的解释。照这段话所说的，理就是万物之规矩，也就是事物的规律。凡是讨论一件事情，最后才可以得到它的规律（"议于大庭而后言则立"）。了解了事物的规律，对于事物就可以制裁（"理定而物易割也"）。得了规律以后就要照着规律做事，这样就可以成功，人只能处于规律之后，不能处于规律之先，《老子》说"不敢为天下先"，本来的意思是要人"濡弱谦下"。韩非解释为服从规律，这就更进一步发挥《老子》的唯物主义精神。

照规律做事，韩非称为"缘理"。他说：

> 所谓处其实不处其华者，必缘理，不径绝也。（《解老》）

径绝就是不照规律做事。又说：

> 夫缘道理以从事者无不能成。（《解老》）

又说：

> 今众人之所以欲成功而反为败者，生于不知道理而不肯问知而听能。（《解老》）

读书篇

韩非认为，凡能按照事物的客观规律做事，就能成功，不按照事物的客观规律而按照主观意见去做事，必定失败。他说：

> 好用其私智而弃道理，则网罗之爪角害之。(《解老》)

韩非又说：

> 思虑熟则得事理。(《解老》)

事理和道理是有区别的。韩非说：

> 道者，万物之所然也，万理之所稽也。理者，成物之文也，道者，万物之所以成也。故曰道，理之者也。物有理不可以相薄。物有理不可以相薄，故理之为物之制。万物各有理，万物各有理而道尽。稽万物之理，故不得不化，不得不化，故无常操。(《解老》)

照这所说的，道有两方面的意义。一方面是构成万物的物质实体（"万物之所然也，万物之所以成也"），这一方面上边已经讨论过。另外一方面是作为一切客观规律的根据的总规律，即最一般的规律（"万物之所稽也"），早期道家和《老子》所说的道没有规律的意思。韩非把早期道家和《老子》所说的道的意义扩大了。他所说的道，也指最一般的规律。他所说的道理，是指比较一般的规律。他所说的事理，是个别事物的规律。

在中国哲学史中，"理"是一个重要的范畴。在韩非以前也有提到"理"的，但是韩非特别强调地把它作为一个哲学范畴提出来。他并且明确地说明理就是客观的规律，人必须依照客观的规律做事才能成功，不然就要失败。这是在中国唯物主义发展史上的一个很大的贡献。

《孟子》"浩然之气"章解

浩然之气，是孟子所特用底一个名辞，但其确切底意义，孟子却又说是"难言"。后人对于这个名辞底解释，亦多未安。如董仲舒说：

> 阳者，天之宽也。阴者，天之急也。中者，天之用也。和者，天之功也。举天地之道而美于和，是故物生皆贵气而迎养之。孟子曰"我善养吾浩然之气"是也。(《春秋繁露·循天之道》)

赵岐"孟子注"说：浩然之气是"浩然之大气"。焦循《孟子正义》据《后汉书》傅燮传李贤注引赵注，以为大气应作天气。颜师古《汉书叙传上》注说：

> 浩然，纯一之气也。

朱子《孟子集注》说：浩然之气，是"天地之正气而人得以生者"。又引程子说：

> 天人一也，更不分别。浩然之气，乃吾气也。养而无害；则塞乎天地，一为私意所蔽，则歉然而馁，知其小也。

朱子又解释程子此言云：

> 天地之气. 无处不到，无处不透。是他气刚，虽金石也透过去。
> 人便是禀得这个气无欠阙，所以程子曰云云。（《语类》卷五十二）

这些讲法，都以所谓浩然之气，是天地间所本有者。这似乎不妥当。第一，浩然之气，既是天地间所本有者，又何必待人"养"之？照程朱的说法，"养"不过是去私意之蔽。人本禀有天地正气，但为私意所蔽，故须"养"以恢复其本来面目。但孟子明说：浩然之气是"集义所生者"，并不是"集义"所恢复者。程朱所说，显然与孟子的意思不合。朱子固曾亦说：

> "某敢说人生时无浩然之气，只是有那气质昏浊颓塌之气。这浩然之气，方是养得恁地。"但又说："本是浩然，被人自少时坏了。今当集义方能生。"（《语类》卷五十二）

此亦注重讲"生"字，但总以为人生来本得有天地的一种"气"。第二，如照这些讲法，所谓浩然之气之"气"，与本章上文所说孟施舍"守气"之"气"，以及告子"不得于心，勿求于气"之"气"，须有不同底解释，因这两个"气"字，不能解释为"天地正气"，"和气"等。此虽亦未尝不可，但如另有一讲法，能使此一章中诸气字都有相同底解释，则自较妥善。此另一讲法，即我们于下文所提出者。

此另一讲法，亦不能说是完全新底。上所引朱子《语类》一条的下文是：

> 又曰：浩然之气，只是气大敢做。而今一样人，畏避退缩，事事不敢做，只是气小。有一样人，未必识道理，然事事敢做，是他气大。如项羽"力拔山兮气盖世"，便是这样气。人须有盖世之气方得。又曰：如古人临之人死生祸福而不变，敢去骂贼，敢去殉国，是他养得这气大了，不怕他。又也是他识得道理，故能为此。（《语类》卷

五十二）

朱子又说：

> 养气一章在不动心，不动心在勇，勇在气。（同上）

朱子此所说，似亦有我们此所谓另一讲法之意。不过气字的确切意义，他总未点破。《集注》更泥于程子之言，以为浩然之气，是天地间所本有者，以致孟子此章大义，未能大明，而此章前后文义，亦未能完全讲通。因此我们所谓另一讲法，有提出的需要。

我们从《孟子》本章开头讲起。公孙丑问孟子："不动心有道乎？"孟子曰："有"。此下忽接论养勇。从北宫黝养勇，说到孟施舍养勇，又说到曾子的大勇。归结说：

> 孟施舍之守气，又不如曾子之守约也。

在本章气字于此初见。此所谓气的意义，以前人亦未讲清楚。照我们的讲法，此所谓气是所谓"士气"之气。例如我们说"前线士气极旺"，又如《左传》说，"一鼓作气，再而衰，三而竭"，都是说这种气。这种气可以说是"一股劲"。有这种气者可以说是"别一股劲"。这股劲在军队打仗或个人打架中，最可看见。所以孟子举养勇为例。勇士养勇，是养这种气，这股劲。有了这种气，这股劲，则可以"躬冒矢石"而无所畏惧。无所畏惧即不动心也。勇士们的不动心，全靠有这种气，这股劲。保持着这种气，这股劲，即所谓"守气"。北宫黝、孟施舍，都是以守气得不动心。孟子说：

> 夫二子之勇，未知其孰贤，然而孟施舍守约也。

朱子说：北宫黝"以必胜为主"，孟施舍"以无惧为主"。"黝务敌人，舍专守己"。所以孟施舍为守约。此话固然不错。但从另一点看，亦可见孟施舍高于北宫黝。因为"守气"于胜时易，于败时难。小说上描写胜兵，常用"无不以一当十"等语。描写败名，常用"望风而逃"等语。胜兵败兵事实上确是如此。孟施舍"视不胜犹胜也"，"舍岂能为必胜哉，能无惧而已矣"。孟施舍于不胜的情形下，仍能守气，不使之馁。以视北宫黝之竖眉横目，只可胜不可败者，自然是高一层，进一步了。不过此二人之不动心，俱从守气得来，则是一样。

孟子此下又说到曾子的大勇。《左传》说：

> 师直为壮，曲为老。

壮者，其气壮也；老者，其气衰也。我们亦常说"理直气壮"。北宫黝孟施舍之养勇，注意在气壮。曾子养勇，则注意在理直。"自反而缩，虽千万人吾往矣。"正是"理直气壮"的态度。理直则气不期壮而自壮，所以与孟施舍比较起来，曾子更为守约。曾子以此方法养勇而得不动心。其得不动心的方法，可以说是"守义"。

孟子此下又说到告子的不动心。孟子说：

> 告子曰：不得于言，勿求于心。不得于心，勿求于气。不得于心，勿求于气，可。不得于言，勿求于心，不可。夫志，气之帅也；气，体之充也。夫志至焉，气次焉。故曰：持其志，无暴其气。

朱子《集注》以为"不得于言，勿求于心。不得于心，勿求于气"十六字为告子的话。其余皆孟子之言，而"持其志，无暴其气"，且为孟子得不动心的方法。然"持其志无暴其气"上有"故曰"二字，此曰是谁曰呢？孟子本章下文说：

我故曰告子未尝知义。

那当然是孟子自引其以前所说底话。但此只曰："故曰"，而未曰："我故曰"，则此"故曰"或是蒙上文"告子曰"而来。如此，则"持其志无暴其气"，似亦是孟子引告子的话。单就文法上看，这不过是一假设。但再就文义上看，有两点可与此假设以证实。第一，如"持其志无暴其气"为孟子得不动心的方法，则不但与下文所说"配义与道"的方法重复，且此二方法亦大不相合。告子得不动心的方法，为强制其心，使之不动。朱子《集注》说告子的不动心，是"冥然无觉，悍然不顾"，是矣。然若专就"不得于言"等十六字说，似尚不能见其强制之迹。如"持其志无暴其气"为告子的话，则告子得不动心的方法，为"持志"。一持字，将把持强制之意，尽行表出。朱子语录云：

问：伊川论持其志，曰："只这个也是私。然学者不恁地不得。"先生曰："此亦似涉于人为。然程子之意，恐人走作，故又救之曰：学者不恁地不得。"（《语类》卷五十二）

"持志"是一种把持强制的工夫。所以是"自私"，是"涉于人为"。说孟子以这种工夫，得不动心，伊川朱子似亦觉有未安，但又滞于文义，故又只得说：

学者不恁地不得。

第二，《孟子》原文，此段下是，公孙丑问：

敢问夫子恶乎长？

此一问亦可证明上文所谓"持志"是告子的话。如照《集注》，则孟子已将全副本领说完，公孙丑又何必再问？惟因上文所说，都是别人的得不动心的方法，所以公孙丑有此问，而孟子亦答：

> 我知言，我善养吾浩然之气。

此下方是孟子自述所以不动心的正文。由此诸方面看，我们可以断定，此段俱为孟子述告子得不动心的方法的话。"不得于言，勿求于心，不得于心，勿求于气"，"持其志，无暴其气"，为孟子直引告子的话。"不得于心，勿求于气，可，不得于言，勿求于心，不可"，为孟子于叙述告子的话时，所夹入批评之辞。"夫志，气之帅也；气，体之充也。夫志至焉，气次焉"。及 "志壹则动气；气壹则动志。今夫蹶者趋者，是气也，而反动其心"。是孟子代告子解释之辞。此段述告子得不动心的方法，其方法为 "持志"。

"不得于言，勿求于心，不得于心，勿求于气"者，朱子说：

> 告子谓：于言有所未达，则当舍置其言，而不必反求其理于心；于心有所不安，则当强制其心，而不必更求其助于气。

此解似得之。但如以 "持志" 为告子得不动心的方法，则 "强制其心" 四字，即更有着落。孟施舍、北宫黝以 "守气" 得不动心，是其不动心，得助于气也。告子则不求助于气，而但强制其心，使之不动，其强制的方法为 "持志"。小说中常说：某人 "把心一横，将生死置于度外"。"把心一横" 即持志也。"将生死置于度外" 即不动心也。如兵在战场，其为 "一股劲" 所鼓舞，而忘危险者，即如孟施舍等之 "守气" 也。其明知危险，而 "把心一横，将生死置于度外" 者，即如告子之 "持志" 也。孟子本不赞成孟施舍等之专以 "守气" 得不动心，故对于告子之 "勿求于气" 亦称之曰可。朱子说："凡曰可者，亦仅可而有所未尽之辞。"

康有为说：他的思想，于三十岁前，即已固定，以后不能进，亦不求进。胡适之先生说：曾见一经济学家，自言不愿往苏联，因恐一去则其对于其自己的学说底信念，将发生动摇。此即是"不得于言，勿求于心"之类。凡所谓顽固者流，对于新学说，新思想，深闭固拒，亦是此类。孟子以此为不可。盖孟子的不动心，乃自"集义"及"知言"得来，下文可见。"知言"即"诚辞知其所蔽"等。孟子以为即使错误底言，亦须知其错在何处，若不能如此，而只"把心一横"，一切不理，固然是亦可以不动心。但其不动心"殆亦冥然无觉，悍然不顾而已尔"（朱子《集注》）。

孟子又替告子解释，何以不求助于气，而即能加制其心。因为照告子的说法，志是"气之帅"，气是"体之充"。所以说气是"体之充"者，大概因为如北宫黝等所守之气，可以鼓舞人的精神，使之勇往直前，好像把人的身体，充实起来。我们现在亦常谓与人以鼓励为与之"打气"。垂头丧气底人，我们谓之为"泄气"。大概亦是同样底比喻。志为气之帅，所以志之所至，气亦随之，即所谓"志至焉，气次焉"。所以告子主张"持志"。所以他说："持其志，无暴其气"。赵岐注说"暴，乱也"。"持其志，无暴其气"，正与"不得于心，勿求于气"，有相似底作用。

不过志既是气之帅，则只说"持志"即可，何必又说"无暴其气"呢？公孙丑又一追问。孟子又替告子解释说：

> 志壹则动气，气壹则动志。

例如一人本有杀敌报国的志，固可因此志而有所谓"敌忾同仇"的气。但如用军乐或演讲，动了人的"敌忾同仇"的气，亦可因此气而使之有杀敌报国的志。一个"一股劲"往前奔跑底人，其气甚盛甚锐。但如忽然跌了一跤，这不只挫了他的锐气，他的心亦要受点影响。此所谓"今夫蹶者趋者，是气也，而反动其心"。

或问：《孟子》原文此段上文是：

> 曰：敢问夫子之不动心，与告子之不动心，可得闻与？

上文既如此问，则此段的答，应亦是兼说二者，如以为此段是专说告子得不动心的方法，则与上文的问话不合。于此我们说：公孙丑为此问，孟子亦如此答，但因孟子于说告子的方法时，夹叙夹议，公孙丑亦插了一个小问题，以致打断了孟子的话头。所以下面公孙丑又提起原来问题的未经回答的部分："敢问夫子恶乎长？"因上文已讲过告子的方法，故此专问孟子的方法。

孟子答：

我知言，吾善养吾浩然之气。

这是孟子得不动心的方法，照我们的讲法。浩然之气之"气"，与孟施舍等"守气"之气，在性质上是相同底，其不同在其是"浩然"。浩然者，大也。其所以大者何在？孟施舍等所守之气，是关于人与人底关系者。而浩然之气，则是关于人与宇宙底关系者。有孟施舍等之气，则可以堂堂立于人间而无惧，有浩然之气，则可以堂堂立于宇宙间而无惧。有浩然之气能使人堂堂立于宇宙间而无惧。所以说："其为气也，至大至刚，以直养而无害，则塞于天地之间。"

孟施舍等的气，尚须养以得之，其养勇即养气也。浩然之气，更须养以得之。怎么养法呢？孟子说：

其为气也，配义与道，无是，馁也。

道者，赵岐注说是"阴阳大道"。朱子《集注》说是"天理之自然"。赵注固不对，朱注亦似未得其解。这个道即是"朝闻道夕死可矣"之道，亦即是义理。养浩然之气的方法，有两方面：一方面是对于宇宙，有正确底了解，此了解即是道；一方面是力行人在宇宙间应有底义务，此义务即是道德底义务，亦即是义。合此两方面，即是"配义与道"。常行义即是集义。集义既人，则浩然之气自然而然生出，一点勉强不得。此所谓"是集义所生者，非义袭而取之也"。朱子说：

袭如用兵之袭，有袭夺之意。（《语类》卷五十二）

此句正是孟子说明其自己与告子底不同。告子以"持其志，勿暴其气"得不动心，正是"义袭而取"，所以下文即说"我故曰：告子未尝知义，以其外之也"。告子是从外面拿一个义来强制其心，而孟子则以行义为心的自然底发展，行义既久，浩然之气，即自然由中而出。

"行有不慊于心，则馁矣"者，理直则气壮，理曲则气馁。浩然之气，亦复如是。上文说，曾子得不动心的方法是"守义"。孟子的"集义"，与曾子的"守义"，有相同处。朱子《集注》谓，"孟子之不动心，原出曾子"，是矣。然曾予与孟子，仍有不同。盖曾子的"守义"是就一件一件底事说，而孟子的"集义"则是就一种心理状态说。就一件一件底事说，遇事自反，不直则屈于"褐宽博"，直则"虽千万人吾往"，此所谓"守义"也。就一种心理状态说，此状态是集许多道德底行为而自然生出者，此所谓"集义"也。又曾子由守义而得底大勇，虽大，而仍是关于人与人底关系者。孟子由集义而得底浩然之气，则是关于人与宇宙底关系者。由此方面说，孟子的集义，虽原出于曾子；而其成就则比曾子又高一层，又进一步。因此孟子的不动心，与曾子又不同了。如照《集注》以"持志"为孟子得不动心的方法，则其不动心即不见得与曾子有何显著底不同。

养气的工夫，要在"勿忘勿助"。此点宋明道学家言之甚多，大要得之，兹不再沦。

《孟子》下文，公孙丑又问：

何谓知言？

照我们的讲法，知言即明道的另一方面。孟子说："诐辞知其所蔽，淫辞知其所陷，邪辞知其所离。遁辞知其所穷。"何以能知，即因其对于义理已有完全底知识也。亦可说：对于诐辞，如知其所蔽，对于淫辞，如知其所陷，对于邪辞，如知其所离，对于遁辞，如知其所穷，则对于义理更有完全底知识。

孔子曰：

> 智者不惑，仁者不忧，勇者不惧。

不惑，不忧，不惧，即是不动心也。我们常说：疑惧，忧惧，疑即是惑。此三者本是相连带底。不过孔子此言，亦或只就人在人间底不惑，不忧，不惧说。人在人间能不动心，固亦非易，然尚不是由浩然之气所得之不动心也。浩然之气，就其是气说，使人不惧，知言使人不惑。浩然之气，是配义与道所生者，故有浩然之气者，不惧亦不惑。不惧不惑，尚何忧之有？此不惑，不惧，不忧，又不是只限于在社会间者。此有浩然之气者，所以能"所过者化，所存者神，上下与天地同流"也。

《中庸》说：

> 故君子之道，本诸身，征诸庶民，考诸三王而不谬，建诸天地而不悖，质诸鬼神而无疑，百世以俟圣人而不惑。质诸鬼神而无疑，知天也。百世以俟圣人而不惑，知人也。

此所谓知，即明道也。又曰：

> 可以赞天地之化育，可以与天地参矣。

有浩然之气者，堂堂立于宇宙间，虽只是有限底七尺之躯，而在此境界中，已超过有限，而进于无限矣。

到此地位者，在天地间自然"大行不加，穷居不损"。自然"富贵不能淫，贫贱不能移，威武不能屈"。不能淫，不能移，不能屈，即是不动心也。其不淫，不移，不屈，又不是强制其心，而使之如此。若果如此，则其地位只是告子的地位。若有此等行为者，以为应该如此，所以如此，则其地位，只是曾子的地位。有浩然之气者，自然不以富贵为富贵，贫贱为贫贱，威武为威武。所以其不淫，不移，不屈，是莫之为而为底。朱子说：

> 浩然之气，清明不足以言之。才说浩然，便有个广大刚果意思，如长江大河，浩浩而来也。富贵，贫贱，威武，不能移屈之类，皆低，不可以语此。（《语类》卷五十二）

朱子此言，正是我们以上所说底意思。到此地位者，真可以说是一个"顶天立地"底"大人"，"大丈夫"。所谓"顶天立地"，正是"塞于天地之间"，及"上下与天地同流"的意思。

余生札记之一

杜甫的《丹青引》分几段。

第一段说：

> 将军魏武之子孙，于今为庶为清门。英雄割据虽已矣，文采风流
> 今尚存。

这一段说曹霸的艺术、家世，言其乃魏武帝曹操的后代。曹操的"英
雄割据"虽然已经不存在了，但曹家仍然保存其艺术传统。

诗的第二段说：

> 学书初学卫夫人，但恨无过王右军。丹青不知老将至，富贵于我
> 如浮云。

这是说曹霸对于艺术的修养及其爱好。

第三段说：

> 开元之中常引见，承恩数上南熏殿。凌烟功臣少颜色，将军下笔
> 开生面。良相头上进贤冠，猛将腰间大羽箭。褒公鄂公毛发动，英姿
> 飒爽来酣战。

这是说曹霸丰富的创作经验。

第四段说：

> 先帝天马玉花骢，画工如山貌不同。是日牵来赤墀下，迥立阊阖生长风。

这里才说到曹霸画马。他所画的马的模特儿是"先帝天马玉花骢"，是一匹自然的马。我认为，"画工"的"画"字应该是"造化"的"化"。就是说，是自然的产物，不过和其他自然的马比较起来有所不同，"迥立阊阖生长风"，就是其不同。我没有版本上的根据，也不需要有版本上的根据，因为诗的意思已经很明显了。

第五段说：

> 诏谓将军拂绢素，意匠惨淡经营中。斯须九重真龙出，一洗万古凡马空。

这是说皇帝下令叫曹霸动笔，经过"意匠"的"惨淡经营"，曹霸的马终于画成了。自然的马和他所画的马比较起来，一切自然的马就都成为"凡马"而被一扫而空了。

第六段说：

> 玉花却在御榻上，榻上庭前屹相向。至尊含笑催赐金，圉人太仆皆惆怅。

这是说，曹霸画的马画成之后，所形成的奇特的局面。那匹自然的马，本来是在"御榻"下；而有了曹霸画的马，它却又在"御榻"上了。那匹"玉花骢"也成为"凡马"而被一扫而空了，所以"圉人太仆皆惆怅"。这是艺术家创造的结果。艺术家的创造是有一个过程的，"意匠惨淡经营中"说的就是这个过程. 可以称为创作心理。

第七段说：

> 弟子韩幹早入室，亦能画马穷殊相。幹唯画肉不画骨，忍使骅骝气凋丧。

所谓"骨"，确切的意思是什么，杜甫没有说，大概就是上面所说的能使"圉人太仆皆惆怅"的那种性质。

第八段说：

> 将军善画盖有神，必逢佳士亦写真。即今漂泊干戈际，屡貌寻常行路人。途穷返遭俗眼白，世上未有如公贫。但看古来盛名下，终日坎壈缠其身。

这是说曹霸不但能画马，而且能画人像。但他在开始的时候，只为朋友们画像；在兵荒马乱的时候，他也为一般人画像，这就成为卖画的画师了。杜甫深为可惜而又替他解释说，这是为贫所迫。

杜甫总的意思是说，美是出于自然而又高于自然。其所以高，是因为有艺术的创造。艺术的创造是有一个过程的。庄子在《养生主》中曾说：

> 虽然，每至于族，吾见其难为，怵然为戒，视为止，行为迟，动刀甚微，謋然已解，如土委地。提刀而立，为之四顾，为之踌躇满志。

这一段话，可以理解为这个创造过程。杜甫把这个过程概括为"意匠惨淡经营中"。所谓"意匠"，指艺术家在创作过程中所做的经营、布置。这个经营、布置是"惨淡"的，这就是庄子所说的"吾见其难为"的意思。一个艺术创作家在开始创作他的艺术作品的时候。总会有"吾见其难为"的感觉；艺术作品完成以后，他又会有"踌躇满志"的感受。杜甫在另一首诗里说"新诗作罢自长吟"，这里所说的就是诗人在完成一首诗以后所感受的"踌躇满志"。

论庄子

在战国时期，唯物主义和唯心主义的斗争到荀子和庄子达到了最高峰。

荀子是先秦最重要的唯物主义哲学家。在当时两条路线的斗争中，荀子是唯物主义阵营的主将。

庄子是唯心主义阵营中的主将。他和荀子都有一个完整的体系，其中包括的方面都很多。对于哲学中许多重要的问题，他们都从各自的观点提出了相反的解决。

荀子和庄子的对立，正是当时阶级斗争在思想战线上的反映。荀子的哲学思想，是当时封建地主阶级的要求和愿望的反映。这在当时是一个新兴的阶级。它代表了当时历史前进的趋势，它和奴隶主贵族争夺政权的斗争，到战国末期已经基本上取得了胜利。它在那时候的问题，就是怎样巩固它新取得的政权。荀子企图解决这个问题。他建立了他的哲学体系，作为巩固封建经济基础的上层建筑。荀子对于封建社会的信念是坚定的；他的情绪是乐观的。

庄子的哲学体系反映了当时的没落的奴隶主贵族的悲观绝望的意识。这在当时是一个没落的阶级。它和新兴地主阶级的斗争已经失败了。没落的贵族们，正是像马克思、恩格斯在《共产党宣言》中所说的英法两国没落贵族那个样子，"他们再一次被可恨的暴发户打败了，从此就再谈不到什么严重的政治斗争了。他们还能进行的，只是文字上的斗争了"（《马克思恩格斯全集》，第 4 卷，人民出版社，1958 年版）。庄子的著作就是这种文字的斗争的集中表现，也是像《共产党宣言》中所说的，"其中半是哀怨，半是讥讽；半是过去的余音，半是未来的恫吓"（同上）。当然庄子不会有

读书篇

封建社会主义，没落的奴隶主贵族和没落的封建贵族有本质的不同；这也是不言而喻的。

对于庄子的哲学体系作分析和批判，是中国哲学史工作的一个重要课题。在这一方面，关锋同志的《庄子哲学批判》(《哲学研究》，1960 年，第 7-8 期），已经对于庄子哲学作了深刻的批判，挖透了庄子的"底"了。现在在他所挖到的"底"的基础上，提出几个问题，作补充的讨论。

《庄子》这部书是先秦道家各派的一个论文总集，并不都代表庄子学派的见解。关锋同志也是这样看的，但是他认为内篇七篇一定是庄子自己写的或者是庄子一派的人写的。这一点我不同意。不过其中的《逍遥游》、《齐物论》两篇确在后来影响最大。我认为讲《庄子》应该打破内、外、杂的成见，以这两篇为主；其他篇中有跟这两篇的精神相合的，也可以引用作为说明。

一、《庄子·逍遥游》的内容

关于庄子哲学思想的历史根源，向来都归之于老子。庄子与老子有密切的渊源关系。这是很明显的。从老子到庄子是一种转化。是从唯物主义向唯心主义转化呢？或是从客观唯心主义向主观唯心主义转化？这牵涉对于老子哲学的性质的看法。这一点现在不讨论。

我认为庄子哲学思想一部分是从宋尹学派转化过来的。我们可以把《庄子·逍遥游》和《楚辞》的《远游》作一比较。我们不知道《远游》是不是屈原的作品，但是我们知道其中的思想是从宋尹学派发展出来的。

《远游》说：

> 悲时俗之迫厄兮，愿轻举而远游。质菲薄而无因兮，焉托乘而上浮？

这就是说，要想远游必定有所托乘。托乘什么呢？下边说：

内惟省以端操兮，求正气之所由。

正气就是精气。照它说，人要是能够聚集很多"精气"，就能够离开形体，上升远游。下文说：

奇傅说之托辰星兮，羡韩众之得一，形穆穆以浸远兮，离人群而遁逸。因气变而遂曾举兮，忽神奔而鬼怪，时仿佛以遥见兮，精皎皎以往来。

这些思想，正是宋尹学派的精气说的具体应用（当然是在想象中应用）。照《远游》这一段所说的，傅说之所以能够上升远游，因为他"托辰星"。《管子·内业》说：

凡物之精，此则为生，下生五谷，上为列星。

宋尹学派认为天上的星，也是"精气"。韩众之所以能上升远游，因为他得了"一"，"一"也就是"精气"。有了很多"精气"的人，能够上升远游。在远游时候，也可以碰见更多的"精气"，"精皎皎以往来"，因此，它就有机会，吸收更多的"精气"。这里所说的情况，固然都是些想象之辞，但是，照相信精气说的人看起来，这是真可以实现的。

《庄子·逍遥游》说：

若夫乘天地之正而御六气之辩（变），以游无穷者，彼且恶乎待哉？

这里所谓"天地之正"就是《远游》所说的"正气"。这里所说的"六气之辩"就是《远游》所说的"气变"。这里所说的"以游无穷"，就是

《远游》所说的"远游"。《远游》认为那样的"远游"是可能实现的；而在《逍遥游》，则是一种比喻。它所谓"以游无穷"有完全不同的内容。《逍遥游》并不需要像《远游》所说的那些理论和准备工作。它仅只说"至人无己"。它是用"无己"达到一种主观的意境。

让我们再看一段。《庄子·山木》说：

> 若夫乘道德而浮游则不然。无誉无訾，一龙一蛇，与时俱化，而无肯专为。一上一下，以和为量，浮游乎万物之祖，物物而不物于物，则胡可得而累邪？

照字面上看，"乘道德而浮游"，也很像是《远游》所说的"托乘"。"一上一下，以和为量"，"和"就是"和气"，也就是"精气"。跟"精气""一上一下"，就好像《远游》所说的，"时仿佛以遥见兮，精皎皎以往来"，"浮游乎万物之祖"，也就像《远游》所说的，"超无为以至清兮，与泰初而为邻"。但是字面上虽然有这些相同，可是这里所说的有跟《远游》完全不同的内容。

这些不同的内容是什么呢？这就要看《齐物论》。

《远游》也谈到"远游"最后的目的是，"与泰初而为邻"。庄子学派也谈到"物之初"和"万物之祖"。它们目的是相同的。但是他们所说的"泰初"和"物之初"内容不同，因此，它们达到目的的方法也不同。《远游篇》所说的方法，是靠聚集精气，使"灵魂"能够上升。庄子学派所用方法，是靠否定知识，知识否定以后，就可以得到一个心理上的浑沌状态。据庄子看，这个状态和"物之初"的状态是一致的。

《齐物论》说：

> 古之人其知有所至矣，恶乎至？有以为未始有物者，至矣，尽矣，不可以加矣。其次以为有物矣，而未始有封也。其次以为有封焉，而未始有是非也。是非之彰也，道之所以亏也。

又说：

> 有始也者，有未始有始也者，有未始有夫未始有始也者。有有也者，有无也者，有未始有无也者，有未始有夫未始有无也者。

这两段话，在字面上看有些相相，但是它们所讲的并不是一回事。有始也者这一段讲的是本体论方面的问题；"古之人其知有所至矣"这一段，讲的是认识论方面的问题。

"古之人"这一段，讲的就是所谓"至人"对于"物之初"的情况的认识。"至人"没有任何理智的知识，他甚至于连"物"这个概念都没有。先秦的哲学家们认为"物"是最一般的概念，"至人"连这个概念都没有，那就是没有任何概念了。他的心理状态只是一片浑沌。这个浑沌，庄子学派认为大概也就是"未始有夫未始有始"，"未始有夫未始有无"那种情况，所以也可谓是"与泰初而为邻"。他们所认为次一等的人，知道有物，但是对于物还没有作分别（有封）。他们所认为再次一等的人对于物已经作了分别，但是还没有觉得哪些东西是是，哪些东西是非。有了分别而又有是非，在这种情况下，"道"就"亏"了。"道"之所以"亏"，就是人对于事物有所偏爱。是非就是偏爱的表现。有了"偏"，就丧失了道的"全"。

庄子也讲达到这种浑沌的心理状态的"方法"。从这些"方法论"中，也可以看出宋尹学派的影响。

《庄子·人间世》，讲到"心斋"的方法。它说：

> 一若志，无听之以耳，而听之以心，无听之以心，而听之以气。听止于耳，心止于符。气也者，虚而待物者也，唯道集虚，虚者，心斋也。

《大宗师》讲"坐忘"的方法。它讲到关于颜回的一个故事。颜回先忘了仁义，后来又忘了礼乐，最后达到"坐忘"。"堕肢体，黜聪明，离形去知，同于大通，此谓坐忘。"这两种方法，以前的人都认为是一样的。其实这两种方法，完全是两回事。"心斋"的方法是宋尹学派的方法。这种方法要求心中"无知无欲"，达到"虚壹而静"的情况。在这种情况下，"精气"就集中起来。这就是所谓"唯道集虚"。去掉思虑和欲望，就是所谓"心斋"。"坐忘"的方法是靠否定知识中的一切分别，把它们都"忘"了，以达到一种心理上的浑沌状态。这是真正的庄子学派的"方法"。

宋尹学派认为，他们所说的精气，是一种极其细微的"气"，也就是极细微的物质，他们认为，"精神"或所谓"灵魂"就是这一种物质所构成的。它跟人的身体没有本质的分别，差别只在于精、粗的不同，这是一种素朴唯物主义思想。

他们认为这种由物质构成的"精神"可以离开身体而"远游"。这就跟宗教迷信所说的"灵魂"相差有限。这样说就反而为宗教迷信所说的"灵魂不灭"添了一些根据。这就是它向唯心主义转化的根源。

他们所说的"灵魂"的"远游"，虽然他们认为是可能成为客观的现实，实际上不过是他们的主观的幻想。庄子更明确地把所谓"乘道德而浮游"归结为一种心理状态。他认为，用一种否定知识的办法就可以"乘天地之正，御六气之辩，以游无穷"。照他的说法，好像所谓"天地""六气""无穷"，以及什么"物之祖"，都可以归纳到"我"的心理状态之中。这是纯粹的主观唯心主义的思想。这种思想是由宋尹学派的素朴唯物主义思想转化过来的。

转化的条件，就是当时奴隶主贵族阶级没落意识。这一点下文还要讨论。

二、《庄子·齐物论》的内容

《齐物论》认为"是非"都是一偏之见。这是它的相对主义的理论的一部分。《秋水》发挥了这种理论，片面地夸张了对立面互相转化这一个辩证法的普遍的原则，得出完全错误的结论。《秋水》说：

以差观之，因其所大而大之，则万物莫不大，因其所小而小之，则万物莫不小。

每一个东西，都比比它小的东西大，也都比比它大的东西小，所以一切的东西都是大的，也都是小的。照这个例子推下去，就是"以功观之，因其所有而有之，则万物莫不有，因其所无而无之，则万物莫不无"。"以趣观之，因其所然而然之，则万物莫不然，因其所非而非之，则万物莫不非。"他举的例子是"尧桀之自然而相非"。这完全是相对主义的思想。

庄子认为超乎相对之上有一个绝对，那就是他所说的"道"。他自以为是站在道的立场，超出一切相对的事物之上。《秋水》说：

以道观之，物无贵贱。以物观之，自贵而相贱。

他的理论是每一个东西，都是"自贵而相贱"。因其所贵而贵之，则万物莫不贵，因其所贱而贱之。则万物莫不贱。因此万物都贵也都贱。庄子认为贵贱都是事物从它自己的立场说的，若站在超出一切事物的立场，就可见贵贱的分别都没有了。

这所谓超乎一切事物的立场与观点，就是《齐物论》所说的"彼是莫得其偶"的"道枢"。每一个事物都有跟它相对立的别的事物，每一个事物都以自己为是（此），以别的事物为彼；这就是彼是有偶。只有"道"是"至大无外"，没有跟它相对立的东西，所以"彼是莫得其偶"，这就是他所说的"道枢"。"枢始得其环中，以应无穷；是亦一无穷，非亦一无穷也。"在《齐物论》里，庄子举出儒家、墨家的互相是非，以见所谓是非都是"自是而相非"。这两家互相是非，"如环无端"。庄子自以为站在超乎一切的立场与观点，就好像站一个环的中间。他认为，这样就看出，既然事物都是互相是非，它们可以说是都是，也可以说是都非。他完全否认有客观的是非标准。这就是所谓"齐是非"。

《齐物论》认为站在活着的人的立场与观点说死是死；死了的人也可以站在死的立场与观点说生是死。就譬如醒着的人站在醒的立场说梦是梦，做梦的人站在梦的立场说醒是梦。"庄周梦为蝴蝶"，这是站在庄周的立场说的；站在蝴蝶的立场，也可以说蝴蝶梦为庄周。他认为站在超乎一切的立场与观点，死生没有什么分别。这就是所谓"齐死生"。

这种相对主义的思想推到最后，就认为一切事物之间的分别也都没有了。《齐物论》说：

> 天下莫大于秋毫之末，而太山为小；莫寿于殇子，而彭祖为天；天地与我并生，而万物与我为一。

这个一就是没有分别的浑沌。也就是"我"。庄子用另一套辩论得到与上面所说相同的主观唯心主义的结论。

庄子是不是主张有所谓"真宰"或"真君"，作为天地万物的生成者及主宰者？我认为他不这样主张。《逍遥游》和《齐物论》都没有谈万物起源的问题。这个问题在庄子的哲学体系中是有的。《则阳》明确地提出这个问题：

> 四方之内，六合之里，万物之所生，恶起？

关于这个问题，照《则阳》说：当时有两家的答案：

> 季真之莫为；接子之或使。

季真不知道是什么人，接子可能就是《史记·田完世家》里边所说的接子，也是稷下的学者之一。季真主张"莫为"，就是认为万物都是自然而然地生出来的，不是由于什么力量的作为。接子主张"或使"，就是认为总有个什么东西，使万物生出来。宋尹学派提出"天或维之，地或载之"的理论。这似乎就是"或使"一类的说法。老子发展了宋尹学派的说法，但是他又说：

> 道无为而无不为。

似乎它也主张"莫为"。

《则阳》对于这两种说法，都不同意。它说："或使则实，莫为则虚"；"或使莫为，在物一曲，夫胡为于大方"？这就是说，"或使"的说法太"实"了，"莫为"的说法又太虚了；这都是只看见万物的一个方面，都不是全面的真理。可是全面真理是什么？《则阳》说：

> 言之所尽，知之所至，极物而已。睹道之人，不随其所废，不原其所起，此议之所止。

这就是说，言语和知识限制在对于"物"的范围之内。至于"物"之所起是"议之所止"。就是说，是不可讨论的。《则阳》对于这个问题的回答，是不可知论的回答。

关锋同志认为庄子哲学中的绝对，就是"真宰"或"真君"。这一点我不同意。《齐物论》提到所谓"真宰"或"真君"。但它并不肯定有所谓"真宰"或"真君"；它只是把它作为一种问题提出来。《齐物论》的精神是，无论什么都只作为一个问题提出来，并不加以肯定，也不加以否定。因为如果明确地加以肯定或否定，那就是有一定的是非；这正是它宣称它要避免的。这也是跟不可知论的精神相符合的。它说，"六合之外，圣人存而不论"，因为这是像《则阳》所说的，超乎言语和知识的范围之外的。

庄子的不可知论跟他的主观唯心主义并不相矛盾，而且正是他的主观唯心主义的一个方面。哲学家们持不可知论，有两种情况。一种是羞答答的唯物主义，如赫胥黎所持的；一种情况是为宗教保留地盘，像康德所持的。康德的不可知论，正是他的主观唯心主义的一个方面。

庄子的不可知论，也是在当时的科学和唯物主义哲学的威力下，为宗教保留地盘。从这个意义说，庄子的不可知论也可以说是所以保护宗教的"真宰"或"真君"。不过在理论上他讲的是不可知论。他所讲的道也不是"真宰"或"真君"。

庄子所说的"道"义是什么呢？在《庄子》书中，道在有些地方可能是老子所说的原始的浑沌，在有些地方可能是宋尹学派所说的精气。这些意义我认为都不是庄子所说的道的特点。他所说的道的特点是一个抽象的"全"。《则阳》说：

> 合异以为同，散同以为异，今指马之百体而不得马，而马系于前者，立其百体而谓之马也。是故丘山积卑而为高，江河合水而为大，大人合并而为公。

又说：

> 万物殊理，道不私故无名，无名故无为，无为而无不为。

又说：

> 今计物之数不止于万，而期曰万物者，以数之多者号而读之也。是故天地者形之大者也，阴阳者气之大者也，道者为之公。

"为之公"就是上面所说的"合并而为公"。照这样说，"道"是一个包括天地万物的"全"。但是《齐物论》的意思还不止于此。

庄子认为道是"全"，偏和全是对立的，有了一个东西，这个东西必然是一偏，有了偏，原来的全就被破坏了。成和亏是对立的，有所成必然有所亏。例如木匠用木材造一个桌子，就桌子说，这是有所成；就木材说，这是有所亏。庄子认为有对立总是不好的，不如没有对立。《齐物论》说：

有成与亏，故昭氏之鼓琴也；无成与亏，故昭氏之不鼓琴也。

郭象在这里注说：

　　夫声不可胜举也，故吹管操弦，虽有繁手，遗声多矣。而执籥鸣弦者，欲以彰声也，彰声而声遗，不彰声而声全。故欲成而亏之者，昭文之鼓琴也。不成而无亏者，昭文之不鼓琴也。

　　这就是说，无论多么大的管弦乐队，总不能一下子就把所有的声音全奏出来，总有些声音被遗漏了。就奏出来的声音说，这是有所成；就被遗漏的声音说，这是有所亏。所以一鼓琴就有成有亏，不鼓琴就无成无亏。照郭象的说法，作乐是要实现声音（"彰声"），可是因为实现声音，所以有些声音被遗漏了，不实现声音，声音倒是能全。据说，陶潜在他的房子里挂着一张无弦琴。他的意思大概就是像郭象所说的。

　　照郭象所解释的，声音的"全"就是一切的声音。可是他所说的一切声音实际上是无声音，因为，照他说，一有声音，它就是偏而不全了。照同样的逻辑，"道"是一切事物的"全"，可是这个"全"就是无事物，因为一有事物，它就是偏而不全了。我认为老子所说的"道"的一个意义是"有"和"无"的统一。这也是个"全"；这个"全"包括"有"，即天地万物。可是庄子所说的"全"不能包括"有"，甚而至于也不能包括"无"，因为"无"的有也是个"有"。所以庄子说"无无"。这个"全"我称之为抽象的"全"。由这个"全"庄子达到了彻底的虚无主义。

三、庄子哲学的社会意义

　　这样的"全"只能是一个概念。它的具体内容也还是一种心理状态，即否定一切知识的浑沌。体现这种浑沌的人，庄子称为"真人"或"至人"。他说：一个所谓"真人"，睡着了不做梦（"其寝不梦"），醒了也没有什么忧虑（"其觉无忧"）。吃饭不知味道（"其食不甘"），不知生的可欢，也不知死的可恶（"不知悦生，不知恶死"）（见《庄子·大宗师》）。这就是没落贵族在失败后所自以为得到的"精神的胜利"。《秋水》说：

> 察乎盈虚，故得而不喜，失而不忧。

没落贵族知道已经不能得到什么东西，所以他们乐得说："得而不喜。"他们确已失掉过去所有的一切东西，所以他们要竭力表明"失而不忧"。

庄子自以为超越了社会中的一切分别，其实他的哲学正是一个特定阶级意识的集中表现。他认为他所说的"真人"或"至人"似乎是超越时、空，脱离世界，可是他也不得不承认这种脱离只是思想上的、概念上的。他不得不承认实际上人是不能脱离世界的；对于世界里边的事情，特别是社会中的事情，人是不能不参加的。不过庄子认为，所谓"真人"既然在思想上、概念上已经脱离了世界，他对于世界中的特别是社会中的事情，都可以随随便便地应付过去。任何事变对于他都是无关重要的；他都可以用"满不在乎"态度对付它们。这就是《大宗师》所说的"撄宁"，这就是说，他虽然也跟事物相接触（"撄"），可是他自以为他的内心是平静的（"宁"）。这也就是《齐物论》所说的"两行"。它说：

> 是以圣人和之以是非，而休乎天钧；此之谓两行。

这也就是《天下》所说的，"独与天地精神往来而不傲倪于万物，不谴是非，以与世俗处"。

庄子的这种"精神胜利"的思想，跟宋尹学派也有一定的渊源。宋尹学派主张"见侮不辱"，"情欲寡"。他们宣传，受了侮并不是可辱的事情，所以不必反抗；人的欲望本来是不多的，用不着争取很多的东西。既不要反抗，也不要争取，这样人与人之间就没有"斗"，国与国之间也用不着"战"了。这种思想，在宋、尹是作为"禁攻寝兵"的理论根据，在当时有一定的积极意义。

庄子把这种思想提到哲学的高度，加以发挥，作为没落贵族在彻底失败后的"精神胜利法"，以与当时的实际胜利者作消极的抵抗。这种思想完全是反动的、消极的东西。

庄子的思想也表现奴隶主贵族的剥削的和寄生的劣根性。

《庄子·山木》讲了一个故事。庄子带着他的学生在山里走路，看见一棵很高大的树，一个木匠坐在树的旁边，并不采伐。庄子问他为什么不采伐。木匠说："这棵树虽然高大，但不成材料，实在是没有什么用处。"庄子对他的学生说："你们记住，这棵树因为没有用，才保存了它的寿命。"晚上庄子住在他的朋友家里。他的朋友要杀一只雁，作为庄子的晚餐。朋友的家里人问说："有两只雁，一只能鸣，一只不能鸣，杀哪一只？"朋友说："杀那只不能鸣的。"第二天，庄子带着他的学生上路。学生问说："前天那棵大树，因为没用，才可以保存它的寿命。昨天那只雁，因为没用而被杀了。这样看起来，有材也不行，没有材也不行，先生打算怎样办？"庄子说，"吾将处于材与不材之间"，就是说，既不表现太有用，也不表现太无用。但是庄子又说，这还是"似是而非"，还不保险。最好的办法，是"乘道德而浮游"，如上面所说的。

《庄子·养生主》也说：

> 为善无近名；为恶无近刑；缘督以为经，可以保身，可以全生，可以养亲，可以尽年。

这也就是说，不可表现太好，也不可表现太坏，最好是不好不坏，经常走好坏之间的一个中间路线（"缘督以为经"）。这是最保险的办法。这种思想也就是认为，事情让别人做，自己所关心的只是怎样保身全生。这就是剥削寄生的思想。

这种思想在过去封建社会知识分子中很是流行。就是"奋发有为"的辛弃疾也说，他自己喜欢"味无味处有真乐；材不材间过一生"。

这种思想，在我们现在社会里还有相当大的影响。例如，所谓中游主义就和这种思想有类似之处。持这种主义的人认为不可力争上游，因为走在前面容易犯错误；也不可流入下游；因为走在后面会受批评；最稳当的办法是，随乎大流，安居中游；这样既不会犯错误，也不会受批评，最为保险。

在我们现在社会里，一天的进步，等于过去的二十年。安居中游，必然流入下游，最后为时代所抛弃。安居中游的思想是应该批判的，庄子的哲学更是应该批判的。

庄子的哲学是消极的、反动的，但是在一定的条件下，也可以向它的相反方向转化。这不是出于偶然，而是一定的历史条件所决定的。

庄子所讥讽和恫吓的对象，就是当时的新兴地主阶级，这个阶级在当时是进步的，它的对立面是反动的。可是在秦汉以后，这两个对立面各自向它的反面转化。封建地主阶级在取得统治权以后就转化为反动的，而以它为对象的讥讽和恫吓，在一定程度上就有积极的意义。庄子哲学的一部分，在秦汉以后，在一定程度上，成为对于封建统治的消极反抗的理论基础；这就有一定的积极的意义。

这些消极反抗的知识分子所作的田园诗、山水诗、游仙诗等文学作品，其浪漫主义的精神，也在一定程度上是以庄子的哲学思想为泉源。这也是有一定积极意义的。

至于我在解放前所虚构的新理学那一套，所吸收的完全是庄子哲学中的腐朽的、反动的部分，只可以起反面教材的作用。我完全同意关锋同志对它所作的批评。

在1948年的春天，华北的解放眼看就可以到来。有一位在北京住了几十年的老先生，把一切书都卖掉，准备回南。我问他说："你认为南方就不会解放吗？"他说："也一定要解放。"我说："既然如此，你又何必多此一举呢？"他说："好像大水来了，一个人爬在树上，明知道这棵树最后还是要倒在水里，但是，在还没有倒的时候，他总还是往树梢上爬。"这位老先生的这段话，明确地反映了没落阶级的悲观失望的情绪。

把这种情绪加以理论化，就成为像庄子哲学那样的哲学思想。他所说的《逍遥游》，实际上就是上面所说的那个在大水中的人，对于树梢所有的幻想。他明知道他原来所有的一切都没有了，他就作出一个理论说，得和失本来没有分别。他明知道，虽然爬在树梢上也还是不免一死，他就作出一个理论说，生和死本来没有分别。这就是《齐物论》背后的阶级意识。

这种思想也成为封建统治阶级麻醉人民的工具。如果人民都认为得和失、生和死都没有分别，他们也就不必斗争，不必反抗了。

现在我们正在建设社会主义并且向共产主义过渡。我们的国家、社会的前途，和其中每一个人的前途，都是光芒万丈。人类的势力已经超过地球引力的限制，进入了宇宙的空间。这不是一个幻想中概念中的无穷，而是一个实际的无穷。在这样的社会里，每个人都在同样地发挥他自己的才能，创造共同的幸福。这不是虚幻的自由王国；这是现实的自由王国。

在这样的环境里，绝对用不着庄子哲学的《逍遥游》和《齐物论》。这是哲学中的渣滓。我们应该像清除渣滓那样，把它批判掉，以免它妨碍卫生，并且成为人向前走路的绊脚石。

冯友兰

做人篇

人生术

儒家之知命，亦是一种人生术。今再以人生术为题目，略广论之。

好之意义，已如上述。若将好分类，则好可有二种：即内有的好（intrinsic good）及手段的好（instrumental good）。凡事物，其本身即是可欲的，其价值即在其本身，吾人即认其为有内有的好；严格地说，惟此种方可谓之好。不过在此世界，有许多内有的好，非用手段不能得到。凡事物，我们须用之为手段以得到内有的好者，吾人即认其为有手段的好。换言之，内有的好，即欲之目的之所在；手段的好，非欲之目的之所在，但吾人可因之以达目的者。不过在此世界中，何种事物为有内有的好，何种事物为有手段的好，除少数例外外，全不一定。譬如吾人如以写字为目的，则写字即为有内有的好；如写信抄书，则写字即成为有手段的好。大概人生中之一大部分的苦痛，即在许多内有的好，非因手段的好不能得到，而手段的好，又往往干燥无味。又一部分的苦痛，即在用尽干燥无味的手段，而目的仍不能达，因之失望。但因人之欲既多，世上大部分的事物，都可认为有内有的好。若吾人在生活中，将大部分有手段的好者，亦认为有内有的好，则人生之失望与苦痛，即可减去一大部分。"君子无入而不自得焉"，正因多数的事物，多可认为有内有的好，于其中皆可"自得"。此亦解决人生问题之一法也。

近来颇有人盛倡所谓"无所为而为"，而排斥所谓"有所为而为"。用上所说之术语言之，"有所为而为"即是以"所为"为内有的好，以"为"为手段的好；"无所为而为"即是纯以"为"为内有的好。按说"为"之自身，本是一种内有的好；若非如老僧入定，人本不能真正无为。人终是

做人篇

"动"物，终非动不可。所以监禁成一种刑罚；闲人常要"消闲"，常要游戏。游戏即是纯以"为"为内有的好者。

人事非常复杂，其中固有一部分只可认为只有手段的好者；然亦有许多，于为之之际，可于"为"中得好。如此等事，吾人即可以游戏的态度做之。所谓以游戏的态度做事者，即以"为"为内有的好，而不以之为手段的好。吾人虽不能完全如所谓神仙之"游戏人间"，然亦应多少有其意味。

不过所谓以游戏的态度做事者，非随便之谓。游戏亦有随便与认真之分；而认真游戏每较随便游戏为更有趣味，更能得到"为之好"，"活动之好"。国棋不愿与臭棋下，正因下时不能用心，不能认真故耳。以认真游戏的态度做事，亦非做事无目的、无计划之谓。成人之游戏，如下棋、赛球、打猎之类，固有目的，有计划；即烂漫天真的小孩之游戏，如捉迷藏之类，亦何尝无目的，无计划？无目的、无计划之"为"，如纯粹冲动及反射运动，虽"行乎其所不得不行，止乎其所不得不止"，然以其为无意识之故，于其中反不能得"为之好"。计划即实际活动之尚未有身体的表现者，亦即"为"之一部分；目的则是"为"之意义。有目的计划，则"为"之内容愈丰富。

依此所说，则欲"无所为而为"，正不必专依情感或直觉，而排斥理智。有纯粹理智的活动，如学术上的研究之类，多以"为"为内有的好；而情感之发，如恼怒忿恨之类，其态度全然倾注对象，正与纯粹理智之态度相反。亚力士多德以为人之幸福，在于其官能之自由活动，而以思考——纯粹的理智活动——为最完的、最高的活动；其说亦至少有一部分之真理。功利主义固太重理智，然以排斥功利主义之故，而必亦排斥理智，则未见其对。功利主义必有所为而为，其弊在完全以"为"为得"所为"之手段；今此所说，谓当以"所为"为"为"之意义。换言之，彼以"为"为手段的好，而以"所为"为内有的好；此则以"为"为内有的好，而以"所为"为使此内有的好内容丰富之意义。彼以理智的计划为实际的行为之手段，而此则谓理智的计划亦是"为"，使实际的行为内容丰富之"为"。

所以依功利主义，人之生活多干燥——庄子所谓"其道太觳"——而重心偏倚在外；依此所说，则人之生活丰富有味，其重心稳定在内（所谓重心在内在外，用梁漱溟先生语）。

人生之中，亦有事物，只可认为有手段的好，而不能认为有内有的好。如有病时之吃药，用兵时之杀人等是。此等事物，在必要时，吾人亦只可忍痛作之。此亦人生不幸之一端也。

人生之真相及人生之目的

人生即人之一切动作云为之总名。陈独秀云：

> 人生之真相，果何如乎？此哲学上之大问题也。欲解决此问题，似尚非今世人智之所能。（《独秀文存》卷一）

然依吾人之观点，此问题实不成问题。凡见一事物而问其真相者，其人必系局外人，不知其事物中之内幕。报馆访员常探听政局之真相；一般公众亦常探听政局之真相；此系当然的，盖他们皆非政局之当局者。至于政局之当局者则不必探听政局之真相。盖政局之真相即他们之举措设施，他们从来即知之极详，更不必探听，亦更无从探听。人之于人生亦复如是。盖人生即人之生活之总名；人生之当局者即人；吾人之生活即人生也。吾人之动作云为，举措设施，一切皆是人生。故"吃饭"，"生小孩"，"招呼朋友"，以及一切享乐受苦，皆人生也。即问人生，讲人生，亦即人生也。除此之外，更不必别求人生之真相，亦更无从别求人生之真相。若于此实际的具体的人生之外，别求人生真相，则真宋儒所谓骑驴觅驴者矣。

有人于此答案或不满意。有人或说："即假定人生之真相即是具体的人生，但吾人仍欲知为何有此人生。"实际上人问："人生之真相，果何如乎"之时，其所欲知者，实即"为何有此人生"。他们非不知人生之真相，他们实欲解释人生之真相。他们非不知人生之"如何"——是什么；他们实欲知人生之"为何"——为什么。

吾人如欲知人之何所为而生，须先知宇宙间何所为而有人类。依吾人所知，宇宙间诸事物，皆系因缘凑合，自然而有，本非有所为。故宇宙间之所以有人，亦系因缘凑合，自然而有耳。人类之生，既无所为，则人生亦当然无所为矣。凡人之举动云为，有有所为而为者，如吃药、革命等；有无所为而为者，如普通之哭、笑等。然即有所为之举动云为，皆所以使人生可能或好；至于人生，则不能谓其为有所为也。吾人不能谓人生有何目的，正如吾人不能谓山有何目的，雨有何目的。目的及手段，乃人为界中之用语，固不能用之于天然界也。天然界及其中之事物，吾人只能说其是什么，而不能说其为什么。目的论的哲学家谓天然事物皆有目的。如亚力士多德说：天之生植物，乃为畜牲预备食物；其生畜牲，乃为人预备食物或器具。齐田氏谓：天之殖五谷，生鱼鸟，乃所以为民用。不过吾人对于此等说法，甚为怀疑。有嘲笑目的论哲学者说：如果任何事物都有目的，则人之所以生鼻，亦可谓系所以架眼镜矣。目的论的说法，实尚有待于证明也。

况即令吾人采用目的论的说法，吾人亦不能得甚大帮助。即令吾人随费希特而谓人生之目的在于"自我实现"，随柏格森而谓人生之目的在于"创化"，但人仍可问：人果何所为而要实现，要创化耶？对于此问题，吾人亦只可答：人之本性自然如此，非有所为也。此似尚不如即说，人之本性，自然要生，非有所为；人生之目的自即是生而已。惟人生之目的即是生，所以平常能遂其生之人，都不问为何要生。庄子云：

> 夔谓蚿曰："吾以一足趻踔而行，予无如矣，今子之使万足独奈何？"蚿曰："不然，子不见夫唾者乎？喷则大者如珠，小者如雾，杂而下者，不可胜数也。今予动吾天机，而不知其所以然。"蚿谓蛇曰："吾以众足行，而不及子之无足，何也？"蛇曰："夫天机之所动，何可易也？吾安用足哉？"（《庄子·秋水》）

"动吾天机，而不知其所以然"，正是普通一般人之生活方法。一般人皆不问人生之何所为而自然而然的生。其所以如此，正因其生之目的即是生故耳。

　　诸种因缘凑合，有某种物质的根据，在某种情形之下，人自然而生，不得不生，非有何生以外之目的也。有人以为吾人若寻不出人生之目的，则人生即无价值，无意义，即不值得生。若有人真觉如此，吾人徒恃言说，亦不能使之改其见解。佛教之无生的人生方法，只从理论上，吾人亦不能证明其为错误。若有对于人生有所失意之人如情场失意之痴情人之类，遁入空门，藉以作人生之下场地步；或有清高孤洁之士，真以人生为污秽，而思于佛教中否定之；吾人对此等人，亦惟有抱同情与敬意而已。即使将来世界之人，果如梁漱溟先生所逆料，皆真皈依佛教，吾人亦不能谓其所行为不对。不过依吾人之见，此种无生的人生方法，非多数人之所能行。所以世上尽有许多人说人生无意义，而终依然的生。有许多和尚居士，亦均"无酒学佛，有酒学仙"。印度文化发源地之印度，仍人口众多，至今不绝。所以此无生的人生方法，固亦是人生方法之一种，但非多数人之所能行耳。

性善与性恶

　　哲学家常有以"人心"，"道心"，"人欲"，"天理"对言；性善性恶，亦为中国几千年来学者所聚讼之一大公案。我以上专言欲，读者必以为我是个"不讲理的戴东原"（胡适之先生语），专主"人欲横流的人生观"（吴稚晖先生语）了。我现在把我的意思申言之。我以为欲是一个天然的事物，他本来无所谓善恶，他自是那个样子。他之不可谓为善或恶，正如山水之不可谓为善或恶一样。后来因为欲之冲突而求和，所求之和，又不能尽包诸欲；于是被包之欲，便幸而被名为善，而被遗落之欲，便不幸而被名为恶了。名为善的，便又被认为天理；名为恶的，又被认为人欲。天理与人欲，又被认为先天根本上相反对的东西，永远不能相合。我以为除非能到诸欲皆相和合之际，终有遗在和外之欲，因之善恶终不可不分。不过若认天理人欲为根本上相反对，则未必然。现在我们的道德及种种制度，皆日在改良。若有一个较好的制度，就可得到一个较大的和；若所得到之和较大一分，所谓善就添一分，所谓恶就减一分，而人生亦即随之较丰富，较美满一分。譬如依从前之教育方法，儿童游戏是恶，在严禁之列，而现在则不然。所以者何？正因依现在之教育方法，游戏也可包在其和之内故耳。假使我们能设法得一大和，凡人之欲，皆能包在内，"并育而不相害"，"并行而不相悖"，则即只有善而无恶，即所谓至善；而最丰富、最美之人生，亦即得到矣。至于人类将来果能想出此等办法，得到此等境界与否，那是另一问题了。

做人篇

理智之地位

　　以上所说，是中、和、通之抽象的原理。①至于实际上具体的中、和、通，则需理智之研究，方能得到。譬如"饮酒无量，不及乱"，虽仅有关于个人，而若能知如何是乱，则亦已牵及过去经验；一牵及过去经验，便有推理作用。至于我之自由，究竟若何方不侵犯他人之自由，以及社会上政治上诸种制度之孰好孰不好，则更非理智对于各方情形具有切实的研究，不能决定。儒家书中，每说"时中"，盖以"中"为随时而异。如此则理智尤必须对于"时"有精确的知识，方能使我们知道如何为中。理智在人生之地位及其功用，在引导诸欲，一方面使其能得到满足，一方面使其不互相冲突。理智无力，欲则无限。

　　梁漱溟先生近来提倡孔家哲学。孔子也讲中和，不过梁先生说：

　　如是之中或调和，都只能由直觉去认定。到中的时候，就觉得俨然真是中，到不调和的时候，就俨然确是不调和。这非理智的判断，不能去追问其所以，或认定就用理智顺着往下推。若追问或推理，便都破坏牴牾讲不通了。（《东西文化及其哲学》再版）

　　于是我们再来看孔子从那形而上学所得的另一道理。他对这个问题，就是告诉你最好不要操心。你根本错误就在找个道理打量计算着去走。若是打量计算着去走，就调和也不对，不调和也不对，无论怎

---

① 本篇节选自《一种人生观》，前文论述了"人生之真相""人生之目的""活动与欲""中和与通""性善与性恶"。——编者注

样都不对；你不打量计算着去走，就通通对了。人自然会走对的路，原不须你操心打量的。遇事他便当下随感而应，这随感而应，通是对的。要于此外求对，是没有的。(《东西文化及其哲学》再版)

孔家本是赞美生活的，所有饮食男女本能的情欲，都出于自然流行，并不排斥，若能顺理得中，生机活泼，更非常之好的；所怕理智出来分别一个物我，而打量计较，以致直觉退位，成了不仁。(同上)

所有饮食男女本能的情欲，都出于自然流行，若能顺理得中，生机活泼，更非常之好，正是本文所主张者。其与梁先生所说不同之点，即在本文以为中和是"理智的判断"之结果，而梁先生则以为"只能由直觉去认定"。

关于梁先生所说，有两个问题：一，梁先生所说，果是不是孔子所说；二，梁先生所说，实际上果对不对。我们现在既非讲中国哲学史，故可专就第二问题，加以讨论。梁先生所以主张直觉能认定中和者，其根本的假定(不说是孔子之根本的假定者，因第一问题，未曾解决，故未可即归孔子)是：宇宙大化"是不断地往前流，往前变化；又调和与不调和不能分开，无处无时不是调和，亦无处无时不是不调和者"。(同上)"我们人的生活更是流行之体，他自然走他那最对、最妥帖、最适当的路。他那遇事而感而应，就是个变化。这个变化自要得中，自要调和，所以其所应无不恰好。所以儒家说：'天命之谓性，率性之谓道'，只要你率性就好了"。(同上)这就是梁先生主张直觉生活的理论。直觉不会错的，以人之生活，自然走最对的路，而直觉又其自然的，直接的表现故。我以为人是要走那"最对、最妥帖、最适当的路"。"仁人之所忧，任士之所劳"，都是因为要走那条路。但是必待于他们去忧去劳，即足见人不能"自然"走那条路。梁先生以为人之所以不自然走那条路者，由于人"打量计算着走"，不凭直觉。但姑即假定"打量计算着走"为不对，但自"无始以来"，人既多"打量计算着走"，即又足以证明人不能"自然"走那最对的路。人既不能"自然"走那最对的路，我们何以敢断定其"所应无不恰好"呢？梁先生必以为人之

做人篇

• 161 •

所以"打量计算着走"者，因为人不凭直觉；不过梁先生所谓直觉之存在，正赖人之自然走最对的路为大前题。若大前题非事实——无论其因何而非事实——则断案之非事实，亦即随之了。

假使我们都如小说上所说神仙，想要什么立时就有什么；诸欲既能随时满足而又不相冲突，则当下即是美满人生，当然可专凭直觉，但其时也就无人谈起直觉了。但无论若何乐观的人，他总不能说我们现在的人生，就是这样美满。诸欲不易满足而又互相冲突，已如上述；即世界志士仁人所提倡之人生方法，亦五光十色，令人目眩。于此而有种种人生问题，于此而欲解决此种问题，若不依理智，将何依呢？即梁先生于诸种人生态度之中选出直觉，以为我们行为之指导者，但其所以选出直觉者，仍是理智研究之结果，一部《东西文化及其哲学》仍是理智之产物。姑即认直觉生活之果可贵，但吾人所以知直觉可贵，理智之可贱者，仍是理智。吾人或选理智，以解决人生问题；或选直觉，以解决人生问题；所选虽不同，而选者则——同是理智。由此则可知理智在人生之地位了。

梁先生说：

> 一般人总要推寻定理，若照他那意思看，孔家所谓"钓而不网，弋不射宿"，"君子远庖厨"，未免不通。既要钓何如网，既不网也就莫钓，既要弋就射宿，既不射宿也就莫弋，既不忍食肉就不要杀生，既杀生又何必远庖厨。（《东西文化及其哲学》）

我以为即不必诉于直觉，也不见得此种办法不通。我们对于牛羊，一方面"悯其无罪而就死地"，而不欲杀之，一方面要食其肉而欲杀之。两方冲突，故有此种"掩耳盗铃"自欺欺人之办法以调和之。

> 君王掩面救不得，回看血泪相和流。

唐明皇何必掩面（姑假定他真会掩面，一笑）？掩面又何救于太真之死？但他不愿见其死，故佯若不见。据近来析心术派的心理学讲，人自己哄自己之事甚多，因人生不少不如意事，若再不自己哄自己，使不能满足之欲，得以发泄，则人生真要"凶多吉少"了。

死及不死

人死为人生之反面，而亦人生之一大事。《列子》云：

> 子贡倦于学，告仲尼曰："愿有所息。"仲尼曰："生无所息。"子贡
> 曰："然则赐息无所乎？"仲尼曰："有焉耳。望其圹，睪如也，宰如
> 也，坟如也，鬲如也，则知所息矣。"子贡曰："大哉死乎！君子息焉，
> 小人伏焉。"仲尼曰："赐，汝知之矣。人胥知生之乐，未知生之苦，
> 知老之惫，未知老之佚，知死之恶，未知死之息也。"（《天瑞》）

古来大哲学家多论及死。柏拉图且谓学哲学即是学死（《非都》六四
节）。人皆求生，所以皆怕死。有所谓长生久视之说，以为人之身体，苟
加以修炼，即可长生不老。此说恐不能成立。不过人虽不能长生，而确切
可以不死；盖其所生之子孙，即其身体之一部之继续生活者；故人若有
后，即为不死。非仅人为然，凡生物皆如此，更无须特别证明。柏拉图
谓世界不能有"永久"（etemity），而却得"永久"之动的影像，时间是也
（Timaeus 三七节）。又谓人不能不死，而却亦得不死之形似，生殖是也。
凡有死者皆尽其力之所能，以求不死。此目的只可以新陈代谢之法达之；
生殖即所以造"新吾"以代"故吾"也。男女之爱，即是求生殖之欲，即
所以使吾人于有死中得不死者。故爱之功用，在使有死者不死，使人为神
（以上见《一夕话》[symposium]）。后来叔本华论爱，更引申此义（见《世
界如意志与观念》英译本）。儒家注重"有后"，及重视婚礼，其根本之义，
亿亦在此。孔子曰：

> 天地不合，万物不生；大昏，万世之嗣也；君何谓已重焉？（《礼记·哀公问》）

孟子曰：

> 不孝有三，无后为大。

盖人若无后，则自古以来之祖先所传下之"万世之嗣"，即自此而斩，或少一支；谓此为不孝之大，亦不为无理。① 等注意"神工鬼斧的生小孩"（吴稚晖先生语）之人生观，诚亦有生物学上的根据也。

宗教又多以别的方法求不死与"永久"。凡有上所谓宗教经验者，皆自觉已得"永久"。盖一切事物，皆有始有终，而宇宙无始终，已如上述。故觉个体已与宇宙为一者，即自觉可以不死而"永久"。盖个体虽有终，而宇宙固无终；以个体合宇宙，藏宇宙于宇宙，即庄子所谓藏天下于天下，自无地可以失之也。

> 指穷于为薪，火传也，不知其尽也。（《庄子·养生主》）

然此等不死，与上所说不死不同。上所说不死，乃以"我"之生活继续为主；此所谓不死，则不以"我"之生活继续为主；此种不死，且往往必先取消"我"，及"我"之生活继续，方可得到（如佛教所说）。上所说不死，可名为生物学的不死；此所说不死，可名为宗教的不死。又有所谓不朽者，与上所说生物学的不死，又有不同。生物学的不死是指人之生活继续；不朽是指人之所作为，继续存在，或曾经存在，为人所知，不可磨灭者。柏拉图谓：吾人身体中充有不死之原理，故受异性之吸引，以生子

---

① 物学的观点言之，凡人之所生。无论男女，皆其"新吾"，皆所以代其"故吾"者。必有男子方可为有后，乃男统社会中之制度，无生物学上的根据。

孙，以继续吾人之生活。吾人之灵魂中，亦有不死之原理，亦求生子孙。创造的诗人、艺术家、制作家等之作品，皆灵魂之子孙也。荷马之诗，撒伦（Solon）之法律，及他希腊英雄之事功，皆为灵魂之子孙，永留后人之记忆，长享神圣的大名。此等灵魂之子孙，盖较肉体之子孙为更可尊贵（《一夕话》二〇九节）。中国古亦常谓人有三不朽：太上有立德；其次有立功；其次有立言。人能有所立，其所立即其精神之所寄，所谓其灵魂之子孙；其所立存，其人即亦可谓为不死。不过此等不死，与上所谓不死，性质不同，故可另以不朽名之。不过人之所立，其能存在之程度，及后人对之之记忆之久暂，皆不一定。如某人之所立，烜赫在人耳目，但过数十年，数百年，或数千年，其所立已不存在，后人已不知其曾有所立，则此人仍可谓为不朽否耶？就一方面说，此人所立已朽，其人亦即非不朽。但就别一方面说，此人亦可谓不朽。盖其曾经有所立，乃宇宙间一固定事实，后人之知之与否，与其曾经存在与否固无关系也。就此方面说，则凡人皆不朽。盖某人曾经于某时生活于某地，乃宇宙间之一固定的事实，无论如何，不能磨灭；盖已有之事，无论何人，不能再使之无有。就此方面说，唐虞时代之平常人，与尧舜同一不磨灭，其差异只在受人知与不受人知；亦犹现在之人，同样生存，而因其受知之范围之小大而有小大人物之分。然即至小的人物，吾人亦不能谓其不存在。能立德、立言、立功之人，在当时因其受知之范围之大而为大人物，在死后亦因其受知之范围之大而为大不朽，即上段所说之不朽。大不朽非尽人所能有；若仅只一不朽，即此段所说之不朽，则人人所能有而且不能不有者也。

中和及通

自人的观点言之，吾人之经验，就其本身而言，皆不能谓为不真，盖吾人之经验，乃吾人一切知识之根据，除此之外，吾人更无从得知识也。譬如我现在广州，夜中梦在北京；此梦中所有之经验，与我醒时所有之经验，就其本身而言，固皆不能谓为不真。吾人所以知梦中之经验之非真者，非因其本身有何不可靠之处，乃因其与许多别的经验相矛盾也。如在北京之经验，与许多别的经验皆相合一致，而在广州之经验则否，则吾人必以吾人现真在北京，而以在广州之经验为梦中所有者矣。故凡经验皆非不真，正如凡所欲皆非不好；其中所以有不真不好者，盖因其间有冲突也。经验与经验之间，欲与欲之间，有冲突之时，吾人果将以何者为真，何者为好耶？解答此问题，乃吾人理性之职务也。

杜威先生谓吾人思想之历程，凡有五级：一曰感觉疑难，二曰指定问题，三曰拟设解答，四曰引申拟设解答之涵义，五曰实地证实。（见《思维术》第六章）譬如一人带红色眼镜而睡，及醒，忘其眼上有红色眼镜，但见满屋皆红，以为失火，急奔而出，则人皆安静如常，于是颇觉诧异；此即感觉疑难也。于是而问果否失火；若非失火，何遍处皆红？此即指定问题也。继悟或者自己带有红色眼镜；此即拟设解答也。继思若外界之红果由于自己之眼镜，则除去眼镜，外界必可改观；此即引申解答涵义也。继用手摸，果有眼镜，除而去之，外界果然改观；此即实地证实也。在此简单事例中，此诸程序经过甚快，或为吾人所不注意，然实有此诸程序也。于是此人乃定以为其所以见遍处皆红者，乃由于带红色眼镜也。依此说法，则前之矛盾的经验，乃皆得相当的解释而归于调和矣。凡疑难皆起于冲突，或经验与经验之冲突，或经验与已成立之道理之冲突，或欲与欲之冲突，或欲与环境之冲突。凡有冲突必须解决；解决冲突者，理性之事也。理性之解决冲突，必立一说法或办法以调和之。理性调和于矛盾的经验（疑难问题）之间而立一说法（拟设解答）；以为依此说法，则诸矛盾的经验，当皆得相当解释（引申涵义）；试用之以解释，果能使昔之矛盾者，今皆不矛盾（实地实验），于是此说法即为真理，为"通义"。此真理之特点，即在其能得通。理性又调和于相矛盾的欲（疑难问题）之间，而立一办法（拟设解答）；以为依此办法，则诸相矛盾之欲，或其中之可能的最大多数，皆得满足（引申涵义）；推而行之，果如所期（实地实验）；于是此办法即为"通义"，为"达道"。此达道之特点，即在其能得和。戴东原云：

> 君子之教也，以天下之大共，正人之所自为。（《原善》卷上）

"人之所自为"，性也，欲也；"天下之大共"，和也。故道德上之"和"，正如知识上之"通"。科学上一道理，若所能解释之经验愈多，则其是真（即真是天道之实然）之可能愈大；社会上政治上一种制度，若所能满足之欲愈多，则其是好（即真是人道之当然）之可能亦愈大。譬如现在我们皆承认地是圆而否认地是方。所以者何？正因有许多地圆说所能解释之经验，地方说不能解释；而地方说所能解释之经验，地圆说无不能解释者。地圆说是真之可能较大，正因其所得之"通"较大。又譬如现在我们皆以社会主义的社会制度，比资本主义的社会制度为较优。所以者何？正因有许多社会主义的社会制度所能满足之欲，资本主义的社会制度不能满足，而资本主义的社会制度所能满足之欲，社会主义的社会制度多能满足。社会主义的社会制度较优，正因其所得之"和"较大。故一学说或一制度之是真或好之可能之大小，全视其所得之和或通之大小而定。自人的观点言之，此判定学说制度之真伪好坏之具体的标准也。

故吾人满足一欲，必适可而止，止于相当程度；过此程度，则与他欲或他人之欲相冲突，而有害于和。此相当程度，即所谓"中"。依上所说，凡欲皆本来应使其极端满足，但因诸欲互相冲突之故，不能不予以相当的制裁。此制裁必须为必要的；若非必要，则徒妨碍吾人之得好面为恶矣。合乎中之制裁，即必要的制裁也。吾人之满足欲，若超乎此必要的制裁，则为太过。若于必要的制裁之外，更抑制欲，则即为不及。不过此所谓中之果为何，自人的观点言之，仍不易知，仍有待于理性之发现。

论形象
——评《中国古代著名哲学家评传》的插图艺术

　　《中国古代著名哲学家评传》已经出版发行，《中国古代著名哲学家画传》也即将出版。这是哲学工作者和画家密切合作，共同努力的一件盛事。《评传》是一部插图本中国哲学史，《画传》是一部中国古代哲学家的画像集。这两部书，发表了这一套中国哲学史中哲学家的画像，引起了一个问题：这些画像究竟像不像？譬如说，历史上的孔子，是不是就真是像这些画像中所画的那个样子？如果像不像是以历史上的孔子为标准，那就很难说了。孔子已经死了将近三千年了，现在的人有谁见过孔子？有谁见过见过孔子的人？要说像，你有什么根据？要说不像像，你又有什么根据？历史学家和考古学家，可能对于春秋时代的服装作一些考据，给画家们提供一些资料。画家们根据这些资料画出来一个人，画家们只能保证春秋时代的人就是这样穿戴，但不能保证有这样穿戴的人就是孔子。除非考古学上有什么新的发现，否则历史上的孔子究竟是个什么样子，是一个不能回答的问题。明知道不能回答，而还要把它提出来，那就是一个没有意义的问题。

　　那么，画这些画像，就可以毫无根据，随便乱画吗？这些画像究竟像不像，就没有一个标准吗？那又不然。画这些像，是要有一定的根据，不能随便乱画。评论这些画像像不像，也要有一定的标准，不能随便乱说。这个根据和标准，就是这些哲学家们用他们的思想和言论在后人的心中所塑造的形象。司马迁在作《孔子世家》时说：

余读孔氏书，想见其为人。适鲁，观仲尼庙堂车服礼器，诸生以时习礼其家，余祗回留之不能去云。

能够"想见其为人"，就说明孔子的思想和言论在司马迁心中塑造了一个形象。读过孔子书的人是很多的，他们都能想见孔子的为人，他们心中都有一个孔子的形象，这个形象，就是作孔子画像的画家所必须凭借的根据，就是评论孔子画像的人所必须依照的标。

我们还可以用艺术所塑造的形象为例。譬如说《红楼梦》吧，曹雪芹在其中塑造了很多的形象。有些画家画了些《红楼梦》人物的图像。这里没有历史问题，没有人问：这些图像中的贾宝玉是不是像历史上的贾宝玉？没有人提这一类的问题，因为历史上本来就没有贾宝玉。这些图像所凭借的根据，就只能是小说中所塑造的那个贾宝玉的形象。若同这些图像像不像，这个像不像的标准，也只能是小说中所塑造的那形象。在这一点上，孔子的画像像不像，和贾宝玉的画像像不像，是一样的；所不同的是，贾宝玉本来不是一个历史人物，所以不发生他的画像同历史上的贾宝玉像不像的问题，孔子是一个历史人物，所以就发生他的画像同历史上的孔子像不像的问题。上面说过，这个问题是一个现在不可能回答的问题。所以就现在说，也是个没有意义的问题。既然没有意义，那就不必管它了。

某种艺术所塑造的形象，要用另外一种艺术把它表现出来，也是不容易的事。比如说，文学是一种艺术，绘画又是一种艺术，《红楼梦》图像这一类的绘画作品，就是要用绘画这种艺术，要用这种艺术自己的形式，把《红楼梦》那种文学作品所塑造的形象表现出来。这其间就有像不像的问题。曹雪芹用文学作品的形式，还塑造了林黛玉、薛宝钗那些形象，把她们写得活灵活现。似乎可以武断地说，没有哪一个画家画出来的那两个人，是和小说所塑造的形象完全相似的。我个人不喜欢看《红楼梦》的戏，因为我看着总觉得戏台上的那些人物和小说中的那些人不像。不但小说中第一流人物演出来不像，就是第二流、第三流人物演出来也不像，其实贾宝玉所最讨厌的那些老婆子，粗使丫头，在小说中也看着很有意思。最鄙俗

做人篇

的人，在小说中也写得俗得很雅；小说中最雅的人，搬到舞台上也看着雅得很俗。我说这话，并不是对于剧本的作者、导演和演员有所不敬，而确实是对于曹雪芹的天才的赞叹。

三国戏和水浒戏，群众都喜欢看，我也喜欢看，看起来觉得很像。所谓像者，就是像小说中所塑造的形象，为什么红楼戏却不同，这是因为，三国、水浒这一类的小说，所塑造的人物形象，好像漫画，粗略勾画几笔，就塑造出来了，其间细微曲折的地方，需要补充，而且很有补充之余地。从这两部小说出来以后，许多评话、戏本都作了一些补充工作，听众、观众对于这些补充工作都觉得津津有味。《红楼梦》好比工笔画，把细微曲折处都画出来了，无须补充，也不可能补充。所以搬到舞台就使观众觉得味同嚼蜡，或者觉得挂一漏万，总之是觉得不像。

小说中人物的形象，是作家给他们塑造起来的。历史上哲学象的形象，是靠他们的思想言论自身塑造起来的。小说通俗易懂，所以它们塑造的人物的形象，也比较普及。哲学家的形象既是靠他们的思想言论自身塑造起来的，而他们的思想言论往往不容易懂，所以他们的形象就不很普及，或者是很不普及。所以上面所说的根据和标准，往往是不容易掌握的。虽然如此，上面所说的原则还是有的，而且说起来也不是很难懂的。

论风流

　　风流是一种所谓人格美。凡美都涵有主观的成分。这就是说，美涵有人的赏识，正如颜色涵有人的感觉。离开人的赏识，不能有美，正如离开人的感觉，不能有颜色，此所谓不能，也不是事实底不能。而是理底不能。人所不能赏识底美是一个自相矛盾底名词，人所不能感觉底颜色，亦是一个自相矛盾底名词。

　　说一性质有主观的成分，并不是说它没有一定底标准，可以随人的意见而变动。例如说方之性质，没有主观的成分，红之性质有主观的成分，但什么是方有一定底标准，什么是红也有一定底标准。血是红底，不是色盲底人，看见血都说是红。美也是如此，美虽有主观成分，但是美也有一定底标准。如其不然，则即不能有所谓美人，亦不能有艺术作品。不过我们也承认，也许有一小部分人本来没有审美的能力。对于这些人，没有美。正如有一小部分人本来没有分别某种颜色的能力。对于这些人就没有某种颜色。这些人我们名之为色盲。有色盲，也有美盲。

　　不过没有主观成分的性质的内容，是可以言语传达底。有主观成分的性质的内容，是不可以言语传达底。我可以言语告诉人什么是真，什么是善，但不能告诉人什么是美。我可以说，一个命题与事实相合即是真。一个行为与社会有利即是善。但我不能说，一个事物有什么性质是美。或者我们可以说，凡能使人有某种快感的性质是美。但是那一种快感是什么，亦是不能说底。我只能指着一个美底事物，说这就是美。但如我所告诉底人，是个美盲，我没有方法去叫他知道什么是美。此正如我可以言语告诉

做人篇

人什么是方，但不能告诉人什么是红。我只能指着一个红底东西说，这就是红。但如果我所告诉底人，是个色盲，我没有方法子叫他知道什么是红。

美学所讲底是构成美的一部分的条件。但是对于美盲底人，美学也是白讲。因为他即研究美学，他还不能知什么是美。正如色盲底人，即研究了物理学，知道某种长度的光波是构成红的条件，但他还不知什么是红。

风流是一种美，所以什么是可以称为风流底性质的内容，也是不能用言语传达底。我们可以讲底，也只是构成风流的一部分的条件。已经知道什么是风流底人，经此一讲，或者可以对于风流之美，有更清楚底认识。不知道什么是风流底人，经此一讲，或者心中更加糊涂，也未可知。

先要说底是：普通以为风流必与男女有关，尤其是必与男女间随便底关系有关，这以为是错误底。我们以下"论风流"所举的例，大都取自《世说新语》。这部书可以说是中国的风流宝鉴。但其中很少说到男女关系。当然说男女有关底事是风流，也是风流这个名词的一种用法。但我们现在所论底风流，不是这个名词的这一种用法的所谓风流。

《世说新语》常说名士风流。我们可以说，风流是名士的主要表现。是名士，必风流。所谓"是真名士自风流"。不过冒充名士底人，无时无地无之，在晋朝也是不少。《世说新语》说：

> 王孝伯言，名士不必须奇才，但使常得无事，痛饮酒，熟读《离骚》，便可称名士。(《任诞》)

这话是对于当时的假名士说底，假名士只求常得无事，只能痛饮酒，熟读《离骚》。他的风流，也只是假风流。嵇康阮籍等真名士的真风流若分析其构成的条件，不是若此简单。我们于以下就四点说真风流的构成条件。

就第一点说，真名士，真风流底人，必有玄心。《世说新语》云：

> 阮浑长成，风气韵度似父，亦欲作达。步兵曰："仲容已预之，卿不得复尔。"

刘孝标注云：

《竹林七贤论》曰：籍之抑浑，盖以浑未识己之所以为达也。

是时竹林诸贤之风虽高，而礼教尚峻。迨元康中，遂至放荡越礼。乐广讥之曰："名教中自有乐地，何至于此。"乐令之言，有旨哉。谓彼非有玄心，徒利其纵恣而已。

"作达"大概是当时的一个通行名词。达而要作，便不是真达。真风流底人必是真达人，作达底人必不是真风流底人，真风流底人有其所以为达。其所以为达就是其有玄心。玄心可以说是超越感。晋人常说超越，《世说新语》说：

郭景纯诗云："林无静树，川无停流。"阮孚云："泓峥萧瑟，实不可言。每读此文，辄觉神超形越。"

超越是超过自我。超过自我，则可以无我。真风流底人必须无我。无我则个人的祸福成败，以及死生，都不足以介其意。《世说新语》说：

郗太傅（鉴）在京口，遣门生与王丞相书，求女婿。丞相语郗信："君往东厢，任意选之。"门生归白郗曰："王家诸郎，亦皆可嘉。闻来觅婿，或自矜持。惟有一郎，在床上，坦腹卧，如不闻。"郗公云："正此好。"访之，乃是逸少。因嫁女与焉。（《雅量》）

又说：

庾小征西（翼）尝出未还。妇母阮，是刘万安妻，与女上安陵城楼上。俄顷，翼归。策良马，盛舆卫。阮语女："闻庾郎能骑，我何由得见。"妇告翼。翼便为于道开卤簿，盘马。始两转，坠马堕地。意色自

若。(《雅量》)

王羲之闻贵府择婿而如不闻。庾翼于广众中，在妻及岳母前，表演马术坠马，而意色自若。这都是能不以成败祸福介其意。不过王羲之及庾翼所遇见底，还可以说是小事。谢安遇见大事，亦是如此。《世说新语》说：

> 谢公与人围棋，俄而谢玄淮上信至。看书竟，默然无言徐向局。客问淮上利害。答曰："小儿辈大破贼。"意色举止，不异于常。(《雅量》)

能如此。正是所谓达，不过如此底达，并不是可以"作"底。

就第二点说，真风流底人，必须有洞见。所谓洞见，就是不借推理，专凭直觉，而得来底对于真理底知识。洞见亦简称为"见"。"见"不是凭借推理得来底，所以表示"见"的言语，亦不须长篇大论，只须几句话或几个字表示之。此几句话或几个字即所谓名言隽语。名言隽语，是风流底人的言语。《世说新语》说：

> 阮宣子（修）有令闻。太尉王夷甫见而问曰："老庄与圣教同异？"对曰："将无同？"太尉善其言。辟之为掾，世谓三语掾。(《文学》)

《世说新语》亦常说晋人的清谈，有长至数百言数千言，乃至万余言者。例如：

> 支道林、许、谢（许询，谢安）盛德。共集王家（王濛）。谢顾谓诸人，"今日可谓彦会，时既不可留，此集固亦难常。当共言咏，以写其怀"。许便问主人："有《庄子》不？"正得《渔父》一篇。谢看题，便各使四坐通。支道林先通，作七百许语。叙致精丽，才藻奇拔。众咸称善。于是四座各言怀毕。谢问曰："卿等尽不？"皆曰："今日之

言，少不自竭。"谢后粗难。因自叙其意，作万余言。才峰秀逸，既自难干。加意气拟托，萧然自得。四座莫不厌心。(《文学》)

支道林谢安等的长篇大论，今既不传，是可惋惜底。但何以不传？大概因为长篇大论，不如名言隽语之为当时人所重视。《世说新语》谓：

客问乐令(乐广)，旨不至者，乐亦不复剖析文句，直以麈尾柄确几曰："至不？"客曰："至。"乐因又举麈尾曰："若至者，哪得去？"于是客乃悟服。乐词约而旨达，皆此类。(《文学》)

又说张凭见刘真长。

顷之，长史诸贤来清言。客主有不通处，张乃遥于末座判之。言约旨达，足畅彼我之怀。(《文学》)

"言约旨达"，或"词约旨达"，是当时人所注重底。真风流底人的言语，要"不著一字，尽得风流"。真风流底人谈话，要"谈言微中"，"相视而笑，莫逆于心"。若须长篇大论，以说一意，虽"文藻奇拔"，但不十分合乎风流的标准，所以不如"言约旨达"底话之为人所重视。

就第三点说：真风流底人，必须有妙赏，所谓妙赏就是对于美的深切底感觉。《世说新语》中底名士，有些行为，初看似乎是很奇怪，但从妙赏的观点看，这些行为，亦是可以了解底。如《世说新语》说：

王子猷(徽之)出都，尚在渚下。旧闻桓子野(伊)善吹笛，而不相识。遇桓于岸上过，王在船中，客有识之者云，是桓子野，王便令人与相闻云："闻君善吹笛，试为我一奏。"桓时已贵显，素闻王名，即便回下车，踞胡床，为作三调。弄毕，便上车去。客主不交一言。(《任诞》)

做人篇

王徽之与桓伊都可以说是为艺术而艺术。他们的目的都在于艺术，并不在于人，为艺术的目的既已达到，所以两个人亦无须交言。

《世说新语》又说：

钟士季精有才理，先不识嵇康，钟要于时贤俊之士，俱往寻康。康方大树下锻。向子期为佐鼓排。康扬槌不辍，旁若无人。移时不交一言。钟起去。康曰："何所闻而来？何所见而去？"钟曰："闻所闻而来。见所见而去。"（《简傲》）

晋人本都是以风神气度相尚。钟会嵇康既已相见，如奇松遇见怪石，你不能希望奇松怪石会相说话。钟会见所见而去。他已竟见其所见，也就是所行不虚了。刘孝标注引《魏氏春秋》说：钟会因嵇康不为礼"深衔之，后因吕安事，而遂谮康焉"。如果如此，钟会真是够不上风流。

《世说新语》说：

阮公邻家妇有美色。当垆沽酒。阮与王安丰常从妇饮酒。阮醉，便眠其妇侧。夫始殊疑之，伺察，终无他意。（《任诞》）

又说：

山公（涛）与嵇阮，一面契若金兰。山妻韩氏，觉公与二人异于常交。问公。公曰："我当年可以为友者，唯此二生耳。"妻曰："负羁之妻，亦亲观狐赵。意欲窥之，可乎？"他日，二人来。妻劝公止之宿。具酒肉。夜穿墉以视之。达旦忘返。公入曰："二人何如？"妻曰："君才致殊不如。正当以识度相友耳。"公曰："伊辈亦常以我度为胜。"（《贤媛》）

阮籍与韩氏的行为，与所谓好色而不淫又是不同。因为好色尚包含有男女关系的意识，而阮籍与韩氏直是专从审美的眼光以看邻妇及嵇阮。所以他们虽处嫌疑，而能使邻妇之夫及山涛，不疑其有他。

《世说新语》又云：

> 谢太傅问诸子侄："子弟亦何预人事，而正欲使其佳？"诸人莫有言者。车骑（谢玄）答曰："譬如芝兰玉树，欲使其生于阶庭耳。"（《言语》）

子弟欲其佳，并不是欲望其能使家门富贵，只是如芝兰玉树，人自愿其生于阶庭。此亦是专从审美的眼光，以看佳子弟。

《世说新语》又说：

> 支道林常养数匹马。或言道人畜马不韵。支曰："贫道重其神骏。"（《言语》）

他养马并不一定是要骑。他只是从审美的眼光，爱其神骏。

就第四点说，真风流底人，必有深情。《世说新语》说：

> 卫洗马初欲渡江，形神惨悴，语左右云："见此茫茫不觉百端交集。苟未免有情，亦复谁能遣此。"（《言语》）

又说：

> 桓公北征，经金城，见前为琅邪时种柳，皆已十围。慨然曰："木犹如此，人何以堪。"攀枝执条，泫然流泪。（《言语》）

又说：

王长史（廕）登茅山，大痛哭曰："琅琊王伯舆终当为情死。"
（《任诞》）

桓温说：

木犹如此，人何以堪。

八个字表示出人对于人生无常的情感。后来庾信《枯树赋》云：

桓大司马曰："昔年种柳，依依汉南。今逢摇落，凄怆江潭。树犹
如此，人何以堪。"

虽有二十四个字，但是主要底还只是"树犹如此，人何以堪"八个字。
桓温看见他所栽底树，有对于人生无常底情感，卫玠看见长江，"见
此芒芒，不觉百端交集"。他大概也是有对于无常底情感。不过他所感到
底无常，不是人生的无常，而是一切事物的无常。后来陈子昂《登幽州
台歌》诗：

前不见古人，后不见来者。念天地之悠悠，独怆然而涕下。

这都是所谓"一往情深"。"一往情深"也是《世说新语》中底话。《世
说新语》谓："桓子野每闻清歌，辄唤奈何。谢公闻之曰：'子野可谓一往有
深情。'"桓子野唤奈何，因为有一种情感，叫他受不了。这就是王廕所以痛
哭的原因。他将终为情死，就是他也是受不了。这是对于人生有情的情感。
真正风流底人有深情。但因其亦有玄心，能超越自我，所以他虽有情
而无我。所以其情都是对于宇宙人生底情感。不是为他自己叹老嗟卑。桓
温说"木犹如此，人何以堪"，他是说"人何以堪"，不是说"我何以堪？"
假使他说"木犹如此，我何以堪"，他的话的意义风味就大减，而他也就不

够风流。王廙说，王伯舆终当为情死，他说到他自己。但是他此话与桓温卫玠的话，层次不同。桓温卫玠是说他们自己对于宇宙人生底情感，王廙是说他自己对于情感底情感。他所有底情感，也许是对于宇宙人生底情感。所以他说到对于情感底情感时，虽说到他自己，而其话的意义风味，并不减少。

真正风流底人，有情而无我，他的情与万物的情有一种共鸣。他对于万物，都有一种深厚底同情。《世说新语》说：

> 简文入华林园，顾谓左右曰："会心处不必在远，翳然林水，便自有濠濮间想也，觉鸟兽禽鱼，自来亲人。"（《言语》）

又说：

> 支公好鹤，住剡东岇山。有人遗其双鹤。少时翅长欲飞，支意惜之，乃铩其翮。鹤轩翥不复能飞，乃反顾翅，垂头视之，如有懊丧意。林曰：既有凌霄之姿，何肯为人作耳目近玩。养令翮成，置使飞去。（《言语》）

又说：

> 王子敬（献之）云："从山阴道上行，山川自相映发，使人应接不暇。若秋冬之际，尤难为怀。"（《言语》）

这都是以他自己的情感，推到万物，而又于万物中，见到他自己的怀抱。支道林自己是有凌霄之姿，不肯为人作耳目近玩。他以此情感推之鹤，而又于鹤见到他自己的怀抱。这些意思是艺术的精义，若简文帝只见"翳然林水"，不觉"鸟兽禽鱼，自来亲人"，王子敬只见"山川映发"，不觉"秋冬之际尤难为怀"，他们所见底便只是客观底世界。照《世说新语》所

做人篇

说，他们见到客观底世界，而又有甚深底感触。在此感触中，主观客观，融成一片。表示这种感触，是艺术的极峰。诗中底名句，如"池塘生春草，园柳变鸣禽"，"春草无人随意绿"，"空梁落燕泥"，皆不说情感而其中自有情感。

主要底情感是哀乐。在以上所举底例中，所说大都是哀的情感，但是有玄心底人，若再有进一步底超越，他也就没有哀了。一个人若拘于"我"的观点，他个人的祸福成败，能使他有哀乐。超越自我底人，站在一较高底观点，以看"我"，则个人的祸福成败，不能使他有哀乐。但人生的及事物的无常，使他有更深切底哀。但若从一更高底观点，从天或道的观点，以看人生事物，则对于人生事物的无常，也就没有哀了。没有哀乐，谓之忘情。《世说新语》说：

> 王戎丧儿万子，山简往省之。王悲不自胜。简曰："孩抱中物，何至于此？"王曰："圣人忘情，最下不及情，情之所钟，正在我辈。"简服其言，更为之恸。(《伤逝》)

能忘情与不能忘情，是晋人所常说底一个分别。《世说新语》云：

> 张玄之顾敷是顾和中外孙。皆少而聪慧，和并知之，而常谓顾胜。亲重偏至，张颇不恢。于时张年九岁，顾年七岁。和与俱至寺中。见佛般泥洹像，弟子有泣者，有不泣者。和以问二孙。玄谓："被亲故泣，不被亲故不泣。"敷曰："不然。当由忘情故不泣，不能忘情故泣。"(《言语》)

能忘情比不能忘情高，这也是晋人所都承认底。

忘情则无哀乐。无哀乐便另有一种乐。此乐不是与哀相对底，而是超乎哀乐底乐。陶潜有这种乐，他的诗：

结庐在人境，而无车马喧，问君何能尔，心远地自偏。采菊东篱下，悠然见南山。山气日夕佳，飞鸟相与还，此中有真意，欲辨已忘言。

这歌所表示底乐，是超乎哀乐底乐。这首诗表示最高底玄心，亦表现最大底风流。

在东晋名士中渊明的境界最高，但他并不狂肆。他并不"作达"。《世说新语》云：

王平子（澄）胡毋彦闻（辅之）诸人，皆以任放为达，或有裸体者。乐广笑曰："名教中自有乐地，何为乃尔也。"（《德行》）

渊明并不任放。他已于名教中得到乐地了。

宋儒亦是于名教中求乐地。他们教人求孔颜乐处，所乐何事。《论语》记曾晳言志，"暮春者，春服既成。冠者五六人，童子六七人，浴乎沂，风乎舞雩，咏而归"。"夫子喟然叹曰：'吾与点也。'"宋儒说曾晳"即其所居之位，乐其日用之常，而胸次悠然，上下与天地同流，有万物各得其所之妙，故夫子叹息而深许之"（朱子注）。不管曾晳的原意如何，照宋儒所讲，这确是一种最高底乐处，亦是最大底风流。

邵康节当时人称为"风流人豪"。他住在他的安乐窝里，有一种乐。但是程明道的境界，似乎更在康节之上，其风流亦更高于康节，程明道诗云：

云淡风轻近午天，傍花随柳过前川。时人不识予心乐，将谓偷闲学少年。

又说：

年来无事不从容，睡觉东窗日已红。万物静观皆自得，四时佳兴与人同。道通天地有形外，思入风云变态中。富贵不淫贫贱乐，男儿

到此是豪雄。(《文集》卷一)

这种豪雄，真可说是"风流人豪"。康节诗云：

　　尽快意时仍起舞，到忘言处只讴歌。宾朋莫怪无拘检，真乐攻心不奈何。(《林下五吟》，《击壤集》卷八)

　　花谢花开诗屡作，春归春至酒频斟。情多不是强年少，和气冲心何可任。(《喜春吟》，《击壤集》卷十)

　　攻心冲心而使之尤可奈何底乐，大概是与哀相对底乐。与哀相对底不是真乐。康节有点故意表示其乐，这就不够风流。

关于真善美

有许多人把"真"、"善"、"美"三者，认为是一事，或混为一谈，常说：真底就是善底，就是美底，善底就是真底，美底，等等。这些说法，听着很好听，因为这三字本来都是说着好听底。但仔细想起来，这种说法究竟说了些什么，实在很成问题底。

在中国原有言语里，所谓"真"有两义。例如我们说，"这个桌子是真底"；我们亦说："报上的某消息是真底。"这两个"真"的意思不同。第一句话中所谓"真"，是对于一事物说；后一句话中所谓"真"，是对于一句话说。普通所谓真善美之"真"，是指"真理"而言，是后一句话中所谓"真"。

就普通所谓真善美说，"真"是对于一句话说底，"善"是对于一种行为说底，"美"是对于一种形象说底。

人不能凭直觉，知道某一句话是真；但知道某一个形象是美，则是专凭直觉底；人知道某一个行为是善，是不是专凭直觉，这是一个值得讨论底问题。

王阳明的"良知说"，就是主张专凭直觉，人即可以知道善知道恶。阳明说：

> 知善知恶是良知，为善去恶是格物。

阳明亦说"致知"，但谓致知即是致良知，"知善知恶是良知"。人见一善底行为，不待思考，而即感觉其是善；见一恶底行为，不待思考而即感觉其是恶。正如人见一美底事物，不待思考而即感觉其是美；见一丑底事物，不待思考而即感觉其是丑。《大学》说：

> 如恶恶臭，如好好色。

阳明亦常引此言，以比喻良知。人于感觉一行为是善时，不但感觉其是善，而且对之有一种敬仰。于感觉一行为是恶时，不但感觉其是恶，而且对之有一种鄙视。犹之乎人见好色即自然好之，见恶臭即自然恶之。阳明以为人本来都能如此直接分别善恶。此"能"阳明谓之"良知"。人须先觉了他有"良知"，然后即注意于顺良知行。顺良知行即是致良知，即是致知，亦即是格物。

照这种说法，人对于道德价值底知识，是一种直接底知识，也可以说是一种直觉。有道德价值底行为，是依照某道德规律底行为。但人感觉一行为是善底，并不是因为他们先知其是依照某道德规律。他们并不必先将此行为加以分析，见其依照某道德规律，然后方感觉其是善底。法庭中，法官的判决是用此种方法得来，但人对于道德价值底感觉，则不是用此种方法得来。他们先感觉一行为是善底，依此感觉，他们即说它是善底。至于分析其行为是如何依照某道德规律，则是以后底事。人对于美底感觉，亦是如此。譬如人见一好画，而感觉其为美，他们并不是先将其加以分析，见其是依照某美学底规律，然后感觉其为美，而是一见即感觉其为美。依此感觉，他们即说，它是美底。至于分析它是如何依照某美学底规律，则是以后底事。此点若详加讨论，即到理在心外或理在心中的问题，此问题是理学心学所争论底一个根本问题。置此问题不谈，而但说，人对于道德价值底知识，是一种直接底知识，也可以说是一种直觉。人都能有此种知识，此"能"是人的良知。若限良知于此义，则人有良知之说，是可以说底。有些人对于此点，尚有怀疑，请先释疑。

有些人以为，所谓"良知"如上所说者，不过人于某种社会制度内，所养成的道德习惯，在知识方面的表现。在某种社会内，某事是善底。但在别种社会内，某事或不是善底。人的良知，常以其社会所以为善者为善。例如以家为本位底社会，以女子守节为善。其中的人的良知，亦以女子守节为善。以社会为本位底社会，不以女子守节为善。其中的人的良知，亦不以女子守节为善。在此两种不同底社会中。对于此等事，人的良知所见不同。于此可知，良知的"知"是不可靠底。

于此我们说，照上文所说，良知只能知其对象，而不创造其对象。道德行为是依照道德规律底行为，道德规律，有些是某种社会的理所规定底，所以本可以不同。在某种社会内，某事本是善底。本是善底，而人的"良知"知之，并不是人的良知以为善，它才是善底。在某种社会内，某事本不必是善底。本不必是善底，而人的良知亦知之，并不是人的良知以为不必是善底，它才不必是善底。在以家为本位底社会中，女子守节，本是道德底行为；在以社会为本位底社会中，女子守节本不必是道德底行为。此种行为，本是如此，而人的良知知之。并不是人的良知以为此种行为是如此，而它才是如此。

有些人以为，所谓"良知"者，并不是自有人类以来，人本即有底；经过长时期"物竞天择"的演变，现在底人，才可以说是有良知。我们或可说"现在的人有良知"，而不可说"人有良知"。

此所说或是事实，但就义理说，说人有良知，则并不因有此事实而有不合。假定以前底人无良知，而现在底人有良知，也就是说，现在底人，更近于人之所以为人者，人类研究有了进步。这于说人有良知，并没什么妨碍。

照心学这一派的说法，人不但专凭直觉即可以知善知恶，而且只可以专凭直觉知善知恶；若对于直觉所知，另有考虑，则反而不能知善知恶了。对于直觉所知，另有考虑，心学一派底人，谓之用智。"用智"的弊，与"自私"同，程明道说：

> 君子之学，莫若廓然而大公，物来而顺应。
>
> 人之情各有所蔽，故不能适道。大率患在于自私而用智，自私则不以有为为应迹；用智则不能以明觉为自然。(《定性书》)

阳明以为良知所知，就是至善，他说：

> 至善之发见，是而是焉，非而非焉，轻重厚薄，随感随应，而亦莫不有天然之中，是乃民彝物则之极，而不容少有拟议增损于其间也。少有拟议增损于其间，则是私意小智，而非至善之谓矣。(《大学问》)

这都是说，人只可以专凭直觉，知善知恶。

这并不是说，人只可以专凭直觉做事。直觉能使人知道什么事应该做或不应该做，不能教人知道什么事怎么做。知道什么事应该做以后，就去研究怎么做，这不是直觉所能知底。但这也不是道德判断了。

至于"真"，则我们不能专靠直觉而判定那一句话是真底。有些人可以说，算学及逻辑中底最初定律，是"自明"底。所谓"自明"者，就是专靠人的直觉，就可以知道它是真底。此话也许不错，但即令此说是真底，也不过是只有这些定律是自明底而已。人还是不能专靠直觉就能算算学，演逻辑。至于关于实际事物底科学，例如化学，经济学等，更不是专靠直觉，即可以讲底。

我们可以说："真的话就是与事实相符底话"，我们也可以说："善的行为就是与社会有利底行为。"但关于美，我们只能说，"美是使人有某种感觉底形象"。

不过对于一句与事实相符底话，我们须先知其是与事实相符，我们才知道它是真底；但对于一种于社会有利底行为，我们不必想到它是与社会有利，而立时对于它即有崇敬爱慕之感。善恶的判断，可以专凭直觉者，其原因即在于此。

人不能专凭直觉说一句话是真，但可以专凭直觉说一行为是善，一形象是美。不过人可以离开人的感觉说善之所以为善，但不可以离开人的感觉说美之所以为美。这就是说，感觉并不是构成善的要素，但是构成美的要素。这是真善美的一个不同之点。

调情理

旧说常以理与情相提并论。如说某人说话，说得合情理，在情理，或不合情理，不在情理；某人说话，说得入情入理。此所谓情，大概是我们现在所谓情形之情，亦正是我们在《新理学》中所谓势。此所谓理，是客观底情或势中所表现底道理或原则。话说得合情理，或在情理，或入情入理者，这话可以是真底。但其不合情理，或不在情理者，一定是假底。合情理或在情理底事，可以有而不必有。但不合情理，或不在情理底事，一定不能有。

我们于本篇所谓理，虽亦有上所说底理的意义，但所谓情，则不是上所说底情。道家常说以理化情，或以情从理。本篇所谓情理，是此所谓情理。本篇所讨论底问题，亦正是这一类底问题。

此所谓情，即我们现在所谓情感之情。此所谓理，则意义比较复杂。此所谓理，有时指上文所说情或势中所表现底道理，有时指对于此等道理底知识或了解，有时指我们能有此等知识或了解底官能，即我们所谓理智。照道家的说法，我们如能以理化情，或以情从理，则我们自己即可以无情，我们如能循理而动，则别人对于我们的行动，亦可以无情。后者所谓理，是指上文所说情或势中所表现底道理。前者所谓理，是指我们对于此等道理底知识或了解。

先就以理化情或以情从理说。照道家的说法，情起于人对于事物底不了解。例如一小儿走路，为一石所绊倒，此小儿必大怒而恨此石。但一成人为一石所绊倒，则并不怒，不恨此石，或虽略有怒，但并不恨此石。其所以如此者，因小儿对于此石无了解，以为此石有意和他捣乱，所以恨之。

而成人对石有了解，知石是无知之物，决不会有意与他捣乱，所以并不恨之。不恨石则其怒亦减，或即可无怒。

成人对于事物底了解，虽比小儿高，但其了解仍是部分底，所以仍有时不能无情。对于宇宙及其间底事物，有完全底了解者，则即可完全底无情。其所以无情者，并不是冥顽不灵，如所谓槁木死灰，或土块然。而是其情为其了解所化，即所谓以理化情也。此所谓化，如冰雪融化之化。情与理遇，即如冰雪与日光遇，不期融化而自然融化。《世说新语》谓王戎说："太上忘情，其下不及情，情之所钟，正在吾辈。"冥顽不灵，如槁木死灰或土块者，是亦无情也。不过其无情是不及情。若圣人之无情，是其情为理所化，是超过情而非不及。此即所谓太上忘情。

庄子常举死为例，以见圣人之忘情。因为死是最能使人动情底，如对于死不动情，则对于别事，自亦可不动情。《庄子·大宗师》说，子舆有病，子祀往问之，子祀说：

> 且夫得者时也，失者顺也，安时而处顺，哀乐不能人也。此古之所谓悬解也。

生为得而死为失。在某情形下，一个人可有生，此某种情形，只于一时有，所以称为时。由生而之死，此时顺乎自然，所以称为顺。了解"生者时也"则无乐，了解"死者顺也"则无哀。有此了解，即无哀乐，所谓"哀乐不能入也"，亦即所谓无情也。有情者为情所苦，如被悬吊起来。有情者为情所苦，得到解放，如悬解然。所以说："此古之所谓悬解也。"小说中侠义之流亦常说："大丈夫生而何欢，死而何惧。"不过侠义之流之为此言，似出于意气，而非出于了解。出于意气者，其解放是暂时底；出于了解者，其解放是永久底。

《庄子·至乐》篇说：庄子于其妻始死之时，亦觉慨然，后则鼓盆而歌。郭象注云：

> 未明而慨，已达而止。斯所以诲有情者，将令推至理以遣累也。

此所谓明，所谓达，都是我们上所谓了解之义。对于死所有底悲哀，即是累，亦即《养生主》所说遁天之刑。天是天然。由生而之死，是顺自然，亦即是顺天然。有生而不愿死，是欲自天然中逃出，此即所谓遁天。遁天者必受刑，即其于悲哀时所受之痛苦是也。郭象说：

> 驰骛于忧乐之境，虽楚戮未加，而性情已困，庸非刑哉？

悲哀时所有底痛苦，亦即是累。若了解生必有死的道理，则即可以无累。此所谓"明至理以遣累"也。

对于理有了解者，则对于事不起情感。对于事不起情感，即不为事所累。对于某事不起情感，即不为某事所累。例如我们于空袭时，虽处很安全底地方，而总不免于怕。此即为空袭所累。确切地说，我们不是为空袭所累，而是为怕空袭所累也。更有人于无警报时，亦常忧虑警报之将来，他的累即更大。他的累不是警报，而是忧虑警报。对于忧虑警报底人，我们可以说，虽警报不来，而"性情已困"矣。

对于理有了解，而不为事所累者，普通谓之"看得破"。对于某理有了解，而不为某事所累者，普通谓之对于某事看得破。对于事看得破，普通谓之达观；能对于事看得破者，普通谓之达人。此所谓达，均是了解之义。

照道家的说法，能对于所有底事都看得破，则即可以完全无情。《庄子·德充符》说：

> 圣人有人之形，无人之情。

"所谓无情者，不以好恶内伤其身。"好恶可以内伤其身，此即所谓刑也，亦即所谓累也。何晏谓"圣人无喜怒哀乐"，人概即就道家的圣人的此方面说。我们所须注意者，即此所谓无情，皆是太上忘情，不是其下不及情。

《庄子·应帝王》说：

> 圣人之用心若镜，不将不迎，应而不藏，故能胜物而不伤。

郭象说，用心若镜，是"鉴物而无情"。普通人对于事未免有情，故有将有迎，而为其所累。为其所累，即为其所伤，如所谓"黯然神伤"是也。例如一个人怕空袭，于未有警报时，常忧虑警报之将至。这种忧虑，即所谓迎。迎者，事未到而预先忧虑也。及警报已解除，而惊魂未定，闻汽车喇叭声，即以为警报又至，此即所谓将。将，送也，事已去而恐惧之心未去，如送已去之事然。此亦即是所谓藏，藏者留于中也。若对于事有如此底将迎，则必为事所累，所伤。若能用心如镜，即可如郭象所说：

> 物来乃鉴，鉴不以心。故虽天下之广，而无劳神之累。

鉴不以心，即是说鉴物而无情。

不为事所累者，并不是不做事，只是做事而不起情感。我们说不怕空袭，不是说，于空袭时，不尽可能躲避。亦不是说，对于避空袭，不尽可能作准备。只是说，既已尽可能作准备了，既已尽可能躲避了，不必再有无益底恐惧。这无益底恐惧，是最能伤人底。有人说，空袭不要紧，但是怕空袭的怕，叫人受不了。普通人所受底情之累，都是这些怕之类。

道家的圣人，完全无情，所以无入而不自得。《庄子·齐物论》说：

> 至人神矣，大泽焚而不能热，河汉沍而不能寒。疾雷破山，飘风振海，而不能惊。

正是说此境界。郭象以为，能至此境界底人，可以"应物而不伤"。所以可以"终日挥形，而神气无变；俯仰万机，而淡然自若"。此虽或是一不可及底理想，但一个人若能没有无益底情感，则可少受许多累，多做许多事，这是真底。

我们常说，一个人"沉着气"或"沉不着气"。所谓沉不着气，即其人为一时的情感所制也。如一个人闻警报而张皇失措，我们说他沉不着气，此即其为恐惧之情所制也。如一人闻一可喜底事，而手舞足蹈，我们说他沉不着气，此即其为喜之情所制也。公孙丑问孟子：

　　夫子加齐之卿相，得行道焉，如此则动心否乎？

此即是问，你那时是不是可以沉着气？孟子说：

　　我四十不动心。

此即是说，我于四十岁时。即对事能沉着气了。人如沉不着气，即不能做事。如沉不着气，而勉强做事，必出岔子。

郭象说：

　　终日挥形，而神气无变；俯仰万机，而淡然自若。

这是晋人的一个理想。在晋人中，最近于此理想者，是谢安。史说：苻坚伐晋，"是时秦兵既盛，都下震恐。谢玄入问计于谢安。安夷然答曰：'已别有旨。'既而寂然。安遂命驾出游山墅。亲朋毕集，与玄围棋赌墅。安棋常劣于玄，是日玄惧，便为敌手，而又不胜"。及淝水战胜，"谢安得驿书。时方与客围棋，摄书置床上，了无喜色，围棋如故。客问之，徐答曰：'小儿辈遂已破贼。'既罢，过户限，不觉屐齿之折"。谢安处理大事，没有无益底喜惧。他很能沉着气，不过"不觉屐齿之折"，也就有点沉不着气了。

对于事物有了解者，能宽容。老子说：

　　知常容，容乃公。

　　常者，事物变化所遵循之理也。知常底人，知事物之变化，系遵循一定底理，其如此系不得不然，故对于顺我底事物，不特别喜爱，对于逆我底事物，不特别怨恨。此即所谓知常容也。对于顺我或逆我底事物，皆无特别底情感，此即所谓容乃公也。人虽是人，而其行为亦系受一定底规律所支配。如环境遗传等，皆对于一个人的性格行为，有很大底影响。如知一个人的性格行为，系受其环境遗传等的影响，则对于人可以有很大底宽容。对于顺我或逆我底人，皆可无特别底喜爱或怨恨。如此对于任何人，任何事，皆可一秉大公，对于任何人，任何事，皆无所私。此所谓大公无私。大公无私，是王者对于万民底态度，是天地对于万物底态度，是道对于天地底态度。所以说："知常容，容乃公，公乃天，天乃道。"此道理可以终身行之，所以老子又说："道乃久，没身不殆。"

　　老子又说：

　　是以圣人常善救人，故无弃人，常善救物，故无弃物，是谓袭明。

　　老子说：

　　知常曰明。

　　袭明者，即知常而依照此知以行也。知常底人，对于人既皆能容而公，则对于善人固救之，对于不善人亦救之，故无弃人。对于善物固救之，对于不善物亦救之，故无弃物。在旧日社会中，人对于犯罪底人，皆特别地怨恨。旧日的刑法，对罪人取报复主义，"以眼还眼，以牙还牙"。但现代的法律，则不对于罪人取报复主义。依照现代法律的最高理想，社会应设法感化罪人，使亦归于善。此即是"善救人"。依旧日底刑法，"刑人于市，与众弃之"。依现代法律的最高理想，不但不"与众弃之"，而且简直不弃之。此即所谓"无弃人"。

老子又说：

报怨以德。

在表面上看，此与耶教所谓"爱你的仇敌"者，意义相同。不过老子这一句话的理论底根据，与耶教不同。知常底人，对于逆我底人，并无特别怨恨，所以待之与顺我底人，并无分别。这并不是所谓弱者的道德，这是对于事物有了解者的道德。老子并不主张：

如有人打你左颊，你把右颊送上去。

老子并不主张这种"不抵抗主义"。如有人打老子，老子亦当加以抵抗，不过虽抵抗之而并不恨之。在现代战争中，优待俘虏，正与老子"报怨以德"之义相合。

真正了解物质史观或经济史观底人，亦可有如此所说底老子的见解。照他们的看法，人的行为，是为他的经济底环境所决定底。一个人若是一个资本家，他为他自己的利益，必须剥削劳工。一个人若是一个工人，他为他自己的利益，必须反抗资本家。正如"矢人惟恐不伤人，函人惟恐伤人"。矢人并不是生来即比函人坏，函人亦并不是生来即比矢人好。他们的所见所行不同，完全是由于他的经济环境使然。他们都是人。就其是人说，他们都是一样底人。他们的所见所行不同，是因为他们是"什么样底人"不同。管家底太太们在一起，都以她们的老妈子不好为谈资。老妈子在一起，都以她们的太太不好为谈资。这都是因为当太太底，与当老妈子底，利益冲突的关系。矢人与函人，资本家与工人，太太与老妈子，都是"易地则皆然"。明白了这个道理，则当太太底，虽仍可以监察她的老妈子，但可以不恨之。当工人底，虽仍可以反抗他们的雇主，但亦可以不恨之。有人说，人必须对于他们的敌人有恨有怒，然后可以打击他们的敌人。事实

做人篇

上虽或是如此，但不是必须如此。我们于修路底时候，有大石当路，则移去之，或打碎之，并不必要先恨大石。小儿或先恨大石，而后移去之，或打碎之。这是由于他对于大石不了解。成人对于人之不了解，诚亦有如小儿之不了解大石。所以对于不了解人底人，往往亦须先引起其对于敌人底恨，然后可使之打击敌人。

以上说，对于事物有了解底人，应付事物，可以自己无情。此即所谓以理化情，或以情从理。从另一方面说，一个人若能循理而动，则别人对之，亦可无情。所谓循理而动者，即是循客观底道理以做事，而不参以自己的私心。一个人如能如此做事，则别人对之，亦可无情。《庄子·大宗师》说：

> 故圣人之用兵也，亡国而不失人心。利泽施乎万世，不为爱人。

郭象注说：

> 夫白日登天，六合俱照，非爱人而照之也。故圣人之在天下，暖焉若春阳之自和，故蒙泽者不谢；凄乎若秋霜之自降，故凋落者不怨也。

不谢不怨，即别人对之无情也。《庄子·达生》又说：

> 复仇者不折镆干。虽有忮心者，不怨飘瓦。

郭象注说：

> 干将镆邪，虽与仇为用，然报仇者不事折之，以其无心。飘落之瓦，虽复中人，人莫之怨者，以其无情。

无心及无情，在这里意思是一样。如一个人对于某人做某事，其做某事并不是特意对某人如此，而只是"循理而行"，则此一个人的行为，即是无心无情底行为。此某人对于此一个人，亦不起情感。例如一个法官，一生可以判处许多人以死刑。如他所判，都是依照法律，不得不然底，则被判死刑底人，对于他并不起怨恨之情。但如一个法官，因受贿而判处一人死刑，或此法官向来判处从宽，而独对此一人从严，则此法官对于此人，即是有心置之死地，此法官的行为，即是有心有情底行为，而此人对于此法官，一定要起情感，一定要怨恨之。

　　以上所说道家的意思，晋人常用之以讲佛学。僧肇有《般若无知论》。般若译言智。僧肇以为圣人"终日知而未尝知"。"智有穷幽之鉴，而无知焉；神有应会之用，而无虑焉。神无虑，故能独王于世表；智无知，故能玄照于事外。智虽事外，未始无事；神虽世表，终日域中。所以俯仰顺化，应接无穷。无幽不察，而无照功。""斯则不知而自知，不为而自为矣。复何知哉？复何为哉？"不知而自知，不为而自为，即是知而无心无情，为而无心无情。此即所谓"寂而恒照，照而恒寂"。

　　慧远作《明报应论》，亦云：

　　　　若彼我同得，心无两对，游刃则泯一玄观，交兵则莫逆相遇，伤之岂惟无害于神，固亦无生可杀。此则文殊按剑，迹逆而道顺。虽复终日挥戈，措刃无地矣。若然者，方将托鼓舞以尽神，运干鏚而成化，虽功被犹无赏，何罪罚之有邪？

　　照佛家的说法，一切事物，皆由心造。如一人常杀生，或常有杀生之心，则此人将来，必将转生为好杀生底畜生，如豺虎狼豹之属。这并不是有阎王主宰判罚，而实是他的心思行为所自然引起的结果。他的心思行为名曰业。心思是意业，行为是身业，还有口说是口业。不仅只杀生的行为是业，即口说要杀生，心想要杀生，亦即是业了。业所引起的结果，名曰报，或报应。有业必有报，这是佛家的定律。但照慧远所说，则无心无情的行为，可以不招报应。如一法官，虽判了许多死刑，如一大将，虽杀了许多敌人，但他们并不是有意于杀生，更不是有意于杀某人的生。所以他们是虽杀而无杀。所谓"伤之岂惟无害于神，固亦无生可杀"。既是虽杀而无杀，所以虽杀亦无罪罚。

这是把上所说道家的意思，推广到极端。庄子及郭象说，无情者无论做何事，皆可以无累。此无累只是就个人的心理情形，或其行为之社会结果说。例如庄子丧妻之"未明而慨，已达而止"，止则无累。此无累是就个人的心理情形说。如飘瓦不为人所怨，不为人所怨则无累。此无累是就其行为之社会结果说。但慧远所说无报应，则是就宇宙论方面说，所以慧远所说，是上所说道家的意思的极端底推广。

以上说道家关于这方面底学说。在这学说中，有些意思，是人人都可以实行底。不过关于圣人完全无情一点，尚有二问题。第一问题是：圣人的完全无情，是不是好底？此所谓好即是可欲的意思。圣人的完全无情，是不是可欲底？我们于上文说，道家的圣人，并不是如槁木死灰。此是说，圣人的无情，是忘情，而不是不及情。这是就其所以无情说。就无情的结果说，圣人的完全无情，亦与槁木死灰不同。圣人于完全无情时，其心理底状态，庄子以恬愉二字形容之。《庄子·在宥》篇说：

> 昔尧之治天下也，使天下欣欣焉人乐其性，是不恬也。桀之治天下也，使天下瘁瘁焉人苦其性，是不愉也。人大喜耶？毗于阳；大怒耶？毗于阴。
>
> 使人喜怒失位，居处无常，思虑不自得，中道不成章。

此所谓乐与苦，喜与怒，都是情，而恬愉不是情，或不是道家所谓情。成玄英说：

> 恬，静也；愉，乐也。

愉虽亦可训为乐，但此乐与与苦相对之乐不同。苦乐喜怒，在我们心中，都是一种强烈底动荡。在这种动荡之中，人不能思想，也不能做事。所谓"思虑不自得，中道不成章"。但恬愉则不是一种动荡，而是一种静底状态。有情底人，心中常如波浪起伏。而圣人无情，其心中如无波浪底水。程子说：

圣人心如止水。

正是说此状态。此状态是静底，可以说是恬。此状态使人有一种静底乐。此静底乐即所谓愉。恬愉是可欲底。所以圣人的完全无情，是可欲底。

或可说：有些人喜欢有激烈底情感，喜欢心中有特别底动荡。所以有些人特意找强烈底刺激，如开快车，喝烈酒之类。他们都是想在强烈底刺激中，得些强烈底情感。这些人是有底。不过他们的这一种行为，并不能说是合理性的行为。吸鸦片，打吗啡，都是这一类底行为，其不合理性是显而易见底。

或又可说：喜欢有太激烈底情感，固然是不合理性底，但情感亦是使人生丰富的一端，恬愉虽亦是可欲底，但人若一生中只是恬愉，则其一生，亦未免太觉单调。譬如清茶，有与烈酒不同底味，其味亦是可欲底，这是不错底。但人若一生中只饮清茶，则亦未免太觉清淡。有人因此，对于人生抱悲观。因为人如有情，则不免为情所累，人若无情，其生活又似乎没有多大底意味，这一点似乎是一问题。不过如照下文所说，宋明道学家所说底办法，则此问题即不成问题。

第二问题是：完全无情，在事实上是否可能？在中国哲学史中王弼以为是不可能。裴松之《三国志注》谓：

何晏以为圣人无喜怒哀乐，其论甚精。钟会等述之，弼与不同。

王弼说：

夫明足以寻幽极微，而不能去自然之性。颜子之量，孔父之所预在。然遇之不能无乐，丧之不能无哀。又常狭斯人，以为未能以情从理者也。而今乃知自然之不可革。

"以情从理"，是上所述道家的学说。王弼初亦以为然，后乃以为，情系出于自然之性，是不能完全没有底，所以虽圣人亦不能无情。不过照王弼的看法，"圣人之情，应物而无累于物"。圣人不是无情，而是有情而不为情所累。道家以有情为累，以无情为无累。王弼以有情而为情所累为累，以有情而不为情所累为无累。这是王弼与原来底道家的大不同处。王弼对于圣人无情底批评，是很有力底。人之有情，确是出于自然之性。要想完全无情，虽不敢说是一定不能做到，但不是人人皆能做到，这是可以说底。

宋明道学家都主张，圣人有情而不为情所累之说。他们虽不见得是取此说于王弼，其持此说与王弼同，则系事实。照此说，人可以有情而同时不为情所累。此说有道家所说"以理化情"的好处，但没有上述二问题的困难。

程明道《定性书》说：

天地之常，以其心普万物而无心；圣人之常。以其情顺万物而无情。故君子之学，莫若廓然而大公，物来而顺应。

此亦说无情，不过此所谓无情，并不是道家所说底无情。此所谓无情，是有情而无"我"。亦可说是，虽有情而情非"我"有。

王阳明《传习录》：

问有所忿懥一条。先生曰："忿懥几件，人心怎能无得？只是不可有耳。凡人忿懥，着了一分意思，便怒得过当，非廓然大公之体了。故有所忿懥，便不得其正也。如今于凡忿懥等件，只是个物来顺应，不要着一分意思，便心体廓然大公，得其本体之正了。且如出外见人相斗，其不是底，我心亦怒。然虽怒，却此心廓然，不曾动些子气。如今怒人，亦得如此，方才是正。"

阳明此所举之例甚好。我若见一人无缘无故，打别人一个嘴巴，我心中必因此人之恃强欺人而怒。不过此怒，没有"我"的成分在内，是没有私意底。因此我的心是廓然大公底。其有怒是"物来顺应"，其有情是"情顺万物"。我们说，有情而无"我"，正是说此。这样底怒，是很容易消失底。于见此事时有怒，但此事已过，我心中即复归于平静。如太空中虽一时有浮云，但浮云一过，太空仍是空空洞洞底。此即所谓情顺万物"而无情"。如此则虽有情而不为情所累。但如一人无缘无故，打我一个嘴巴，我不但因此人之恃强欺人而怒，而且因为他是打"我"，因此我不但于当时怒，而且对于此人，时常"怀恨在心"，无论什么时候，想起此人，总想打他一个嘴巴。如此，则我即有"所"怒。"所"怒即打我之人。我所以有"所"怒，即因我于此底怒，有"我"的成分在内，是有私意底。有"我"的成分在内时，我的心即不是廓然大公，而应物亦不是物来顺应了。我因时常对于此人，"怀恨在心"，想起即怒。此即是不能情顺万物而无情，即有情而为情所累了。如有人打我一个嘴巴，而我的心境，亦能如看此人打别人时所有底心境，则当时虽有怒，当时虽亦可还他一个嘴巴，但事后，我的心即仍归平静。如此则虽有怒而不为怒所累。

《定性书》又说：

圣人之喜，以物之当喜。圣人之怒，以物之当怒。是圣人之喜怒，不系于心而系于物也。

如见一人，无缘无故，打别人一嘴巴，而我怒，此怒之有，是因物之当怒，此怒是系于物。但如别人打我一嘴巴，我时常怀恨在心，此恨即是系于心了。圣人之喜怒，不系于心而系于物，所以圣人不迁怒。迁怒者，即因怒此物而及彼物。如一人因一事发怒，而摔茶碗，骂听差，即是迁怒。孔子说：颜回"不迁怒，不贰过"。宋儒认为，不迁怒是颜回几于圣人的表现。伊川《语录》：

> 问："不迁怒，不贰过，何也？《语录》有怒甲不迁乙之说，是否？"曰："是。"曰："若此则甚易，何待颜氏而后能？"曰："只被说得粗了，诸君便道易。此莫是最难？须是理会得因何不迁怒。如舜之诛四凶，怒在四凶，舜何与焉？盖因是人有可怒之事而怒之，圣人之心，本无怒也。譬如明镜，好物来时，便见是好；恶物来时，便见是恶；镜何尝有好恶也？世之人固有怒于室而色于市。且如怒一人，对那人说话，能无怒色否？有能怒一人而不怒别人者，能忍得如此，已是煞知义理。若圣人因物而未尝有怒，此莫是甚难？君子役物，小人役于物。今人见有可喜可怒之事，自家着一分陪奉他，此亦劳矣。圣人心如止水。"

若能因物之可怒而怒之，可以不迁怒，这是不错底。但如谓，因能因物之可怒而怒之，则虽有怒，而无怒，则其说恐有困难。阳明亦说，忿懥等不能无，而却不可有；亦是伊川此说。此说虽用明镜之喻，但其喻是不恰当底。因明镜本身不能有喜怒，而人则能有喜怒，所以不可相提并论。如说，见四凶之可怒而"去"之，圣人本无怒，此是可说底，而亦即是道家所说者。如说，见四凶之可怒而"怒"之，圣人本无怒，此本无怒，如无别底意思，则这一句话恐怕是不通底。若欲这一句话讲得通，此无怒须解为无"所"怒。朱子《语录》云：

> 问："圣人恐无怒容否？"曰："怎生无怒容？合当怒时，必亦形于色。如要去治那人之罪，自为笑容，则不可。"曰："如此则恐涉及忿怒之气否。"曰："天之怒，雷霆亦震。舜诛四凶，当其时亦须怒。但当怒而怒，便中节，事过便消了，更不积。"

黄干云：

> 未怒之前，鉴空衡平。既怒之后，冰消雾释。

如此底怒，正是有怒而无"所"怒。

有怒而无"所"怒，则其怒即无所着。如一人无缘无故打我一嘴巴，我因而怒，并时常对此人怀恨。此即有"所"怒，此怒即有所着。此人打我一嘴巴之事，是随时即成过去，而此人则不能随时即成过去。所以此人如成为我之"所"怒，我之怒如着在此人身上，则此事虽过，而我心中亦常留一怒，如此则我的怒即不能"冰消雾释"，而我的心亦不能如"鉴空衡平"矣。伊川说：

> 罪己责躬不可无，但亦不当长在心胸为悔。

朱子亦说：

> 既知悔时，第二次莫恁地便了。不消得常常放在心下。

悔过本是好事，但既悔过，改之可矣。若心中长存一悔，即是有"所"悔，其悔即是有所着。有所着之悔亦是累。

照以上所说，可知如能有情而无"我"，则虽有情而不为情所累。程子说：

> 人能放这一个身，公共放在天地万物中，一般看。则有甚妨碍？

能把自己放在天地万物中，与万物一般看，则"我"的成分，可以去掉。一人打我一嘴巴时，我的心境，正如我看此人打别人一嘴巴。如此则我虽有怒，而不为怒所累。

伊川又说：

> 忿懥，怒也。治怒为难，治惧亦难。克己所以治怒，明理所以
> 治惧。

克己即去所谓"我"的成分也。其实明理亦可以治怒，克己亦可以治惧。此于上所说道家学说中可见之。"知常容。"此明理可以治怒也。"天下之大患，为吾有身，及吾无身，吾有何患？"此克己可以治惧也。

无"我'的成分之怒，不至于使人心理上起非常剧烈底变化。有些人于生气时，可以气得浑身打战，满脸发青。这怒总是有"我"的成分在内。一个人在街上，看见不平底事，虽亦怒，但"事不干己"，决不至于怒到这种地步。"事不干己"底怒，并不使一个人，在整个底心理及生理方面，有非常剧烈底变化。程子所谓无情，所谓圣人心如止水，大概是就此点说。情之使人在整个底心理及生理方面，起非常剧烈底变化者，如把一池清水，从底搅起。不如此剧烈底情，则对于人心，如水上起了些波纹。在这种情形下，人还是能沉着气底。阳明所说"不动些子气"，大概亦是就沉着气说。在这种情形下，有情虽亦是动，而仍不害心如止水。由此方面，程明道说：

> 动亦定。静亦定。

心不可有所着，对事说亦是如此。朱子《语录》谓：

> 李德之问："明道因修桥寻长梁，后每见林木之佳者，必起计度
> 之心。因语学者，心不可有一事。某窃谓：凡事须思而后通，安可谓
> 心不可有一事？"曰："事如何不思？但事过则不留于心可也。明道
> 肚里有一条梁。不知今人有几条梁柱在肚里。佛家有留注想。水本流

将去，有些渗漏处便留滞。"

　　事过而不留，即是心对于事无所着。心中之事，过而不留，所以心常能如鉴之空。大概能担当大事底人，都必须能如此。例如一个当大首领底人，每天不知要办多少事。如事已过者，都还要留在心里，他即没有余力去办方来底事了。有些人因为对于有些未来底事，放心不下，或对于过去底事，追悔不已，以致寝食不安。若当大首领底人，亦是如此，他不但不能办事，恐怕他的性命，亦不能长保。所以即就做事方面说，心对于事亦须无所着意义。万物"各"得"其"所，"各"字"其"字表示出"万物并育而不相害，道并行而不相悖"，"和而不同"的意思。这种境界，是"致中和"的极则。所以说："致中和，天地位焉，万物育焉。"

励勤俭

一般人说到勤俭，大概都是就一个人的生活的经济方面说。《大学》说：

> 生财有大道。生之者众，食之者寡，为之者疾，用之者舒，则财恒
> 足矣。

就一个社会的生财之道说，是如此。就一个人的生财之道说，亦是如此。就一个人的生财之道说，"为之疾"是勤，"用之舒"是俭。一个人能发大财与否，一部分是靠运气，但一个人若能勤俭，则成一个小康之家，大概是不成问题底。

一般人对于勤俭底了解，虽是如此，但勤俭的意义则不仅止于此。例如我们常听说：

> 勤能补拙，俭以养廉。

这两句话中，所谓俭，虽亦可说是就人的生活的经济方面说，但此说俭注重在"养廉"，所以"俭以养廉"这一句话所注重者，是人的生活的道德方面。此句话所注重者是一个人的"廉"，并不是一个人的温饱。至于这两句话中所谓勤，不是就人的生活的经济方面说，至少不是专就此方面说，则是显然底。

这两句话，是旧说底老格言，又是现在底新标语。勤怎么能补拙呢？西洋寓言里说：有一兔子与乌龟竞走。兔子先走一程，回头见乌龟落后很

远，以为断赶不上，遂睡了一觉。及醒，则乌龟已先到目的地了。乌龟走路的速度，比兔子差得很远，就这方面说，乌龟是拙。但它虽拙，而仍能走过兔子者，因兔子走路，中途休息，而乌龟则不休息也。此即是"勤能补拙"。《中庸》说：

> 人一能之，己百之；人十能之，己千之。果能此道矣，虽愚必明，虽柔必强。

此所说，亦是"勤能补拙"的意思。这当然不是就人的生活的经济方面说，至少不是专就此方面说。我们于第三篇《为无为》中，说到才与学的分别。就"学"说，勤确是可以补拙底。

就俭以养廉说，我们常看见有许多人，平日异常奢侈，一旦钱不够用，便以饥寒所迫为辞，做不道德底事。专从道德的观点看，"饿死事小，失节事大"，"饥寒所迫"并不能作为做不道德底事的借口。但事实上，经济上底压迫，常是一个使人做不道德底事的原因。不取不义之财谓之廉。人受经济压迫底时候，最容易不廉。一个人能俭，则可使其生活不易于受经济底压迫。生活不受经济底压迫者，虽不必即能廉，但在他的生活中，使他可以不廉的原因，至少少了一个。所以说：俭可以养廉。朱子说：

> 吕舍人诗云："逢人即有求，所以百事非。"某观今人不能咬菜根，而至于违其本心者众矣，可不戒哉。

俭以养廉，正是朱子此所说之意。

由上所说，可知这两句老格言，新标语，是有道理底。不过勤俭的意义，还不止于此。我们于本篇所讲底勤俭是勤俭的进一步底意义。此进一步底意义，亦是古人所常说底，并不是我们所新发现底。

在说此进一步底意义以前，我们对于勤能补拙这一句话，还想作一点补充底说明。勤能补拙这一句话虽好，但它有时或可使人误会，以为只拙者需勤以补其拙，如巧者则无需乎此。不管说这一句话者的原意如何，事实上没有人不勤而能成大功，立大名底。无论古今中外，凡在某一方面成大功，立大名底人，都是在某一方面勤于工作底人。一个在某方面勤于工作底人，不一定在某方面即有成，但不在某方面勤于工作底人，决不能在某方面有成。此即是说，在某方面勤于工作，虽不是在某方面有成的充足条件，而却是其必要条件。有人说：一个人的成功，要靠"九分汗下，一分神来"。九分汗下即指勤说。

我们于以上说"某方面"，因为往往一个人可以于某方面勤，而于别方面不勤。一个诗人往往蓬头垢面，人皆以他为懒，但他于作诗必须甚勤。李长吉作诗，"呕出心肝"。杜工部作诗，"语不惊人死不休"。他们都是勤于作诗。勤于作诗者，不必能成为大诗人，但不勤于作诗者，必不能成为大诗人。

对于某方面底工作不勤者，不能成为在某方面有成就底人。对于人的整个底生活不勤者，不能有完全底生活。所谓完全底生活者。即最合乎理性底生活，如我们于《绪论》中所说者。用勤以得到完全底生活；我们所谓勤的进一步底意义，即是指此。

古人说：

民生在勤。

又说：

户枢不蠹，流水不腐。

现在我们亦都知道，人身体的器官，若经过相当时间不用，会失去它原有底功用。一个健康底人，有一月完全不用他的腿，他走路便会发生问题。维持一个人的身体的健康，他每日必须有相当底运动。这是卫生的常识。所谓"民生在勤"的话，以及"户枢不蠹，流水不腐"的比喻，应用在这方面，是很恰当底。

我们可以从身体方面说勤，亦可从精神方面说勤。《易》乾卦象辞说：

> 天行健，君子以自强不息。

《中庸》说：

> 至诚无息。

又说：

> 诚者，天之道也；诚之者，人之道也。

天之道是"至诚无息"，人之道是"自强不息"。这些话可以说是，从精神方面说勤。无息或不息是勤之至。关于这一点，我们于此只说这几句话，其详俟于下篇《存诚敬》中细说。

就人的精神方面说，勤能使人的生活的内容更丰富，更充实。什么是人的生活的内容？人的生活的内容是活动。譬如一个人有百万之富，这一百万只是一百万金钱、银钱或铜钱，并不能成为这一个人的生活的内容。若何得来这些钱，若何用这些钱，这些活动，方是这一个人的生活的内容。又如一个人有一百万册书。这一百万册书，只是一百万册书，并不能成为这一个人的生活的内容。若何得这些书，若何读这些书，这些活动，方是这一个人的生活的内容。我们可以说，只有是一个人的生活的内容者，才真正是他自己的。一个守财奴，只把钱存在地窖里或银行里，而不用它；一个藏书家，只把书放在书库里，而不读它；这些钱，这些书，与这些人，"尔为尔，我为我"，实在是没有多大底关系。有一笑话谓：一穷人向一富人说：我们二人是一样底穷。富人惊问何故。穷人说，我一个钱不用，你亦一个钱不用，岂非一样？此虽笑谈，亦有至理。

人的生活的内容即是人的活动，则人的一生中，活动愈多者，其生活即愈丰富，愈充实。勤人的活动比懒人多，故勤人的生活内容，比懒人的易于丰富，充实。《易传》说：

　　天行健。

又说：

　　富有之谓大业，日新之谓盛德。

"富有"及"日新"，都是"不息"的成就。一个人若"自强不息"，则不断地有新活动。"不断地"有新活动'即是其"富有"；不断地有"新"活动，即是其"日新"。有人说，我们算人的寿命，不应该专在时间方面注意。譬如有一个人，活了一百岁，但每日除了吃饭睡觉外，不做一事。一个人做了许多事，但只活了五十岁。若专就时间算，活一百岁者，比活五十岁者，其寿命长了一倍。但若把他们的一生的事业，排列起来，以其排列的长短，作为其寿命的长短，则此活五十岁者的寿命，比活一百岁者的寿命长得多。我们读历史，或小说，有时连读数十页，而就时间说，则只是数日或数小时之事。有时，"一夕无话"，只四字便把一夜过去。"有话即长，无话即短。"小说家所常用底这一句话，我们可用以说人的寿命。

对于寿命的这种看法，在人的主观感觉方面，亦是有根据底。在很短底时间内，如有很多底事，我们往往觉其似乎是很长。譬如自七七事变以来，我们经过了许多大事，再想起"七七"以前底事，往往有"恍如隔世"之感，但就时间说，不过是二年余而已。数年前，我在北平，被逮押赴保定，次日即回北平。家人友人，奔走营救者，二日间经事甚多，皆云，仿佛若过一年。我对他们说，"洞中方七日，世上几千年"。此虽一时隽语，然亦有至理。所谓神仙者，如其有之，深处洞中，不与人事，虽过了许多年，但在事实上及他的主观感觉上，都是"一夕无话"，所以世上虽有千年，而对于他只是七日。作这两句诗者，本欲就时间方面，以说仙家的日月之长，但我们却可以此就生活的内容方面，以说仙家的日月之短。就此方面看，一个人若遁迹岩穴，不闻问世事，以求长生，即使其可得长生，这种长生亦是没有多大意思底。

普通所谓俭，是就人的用度方面说。于此有一点我们须特别注意底，即是俭的相对性。在有些情形下，勤当然亦有相对性。譬如大病初愈底人，虽能做事，但仍需要相当休息。在别人，每天做八个钟头的事算是勤，但对于他，则或者只做六个钟头已算是勤了。不过在普通情形下，我们所谓勤的标准，是相当一定底。但所谓俭的标准，虽在普通情形下，亦是很不一定。一个富人，照新生活的规定，用十二元一桌底酒席请客，是俭，但对于一个穷人，这已经是奢了。又譬如国家有正式底宴会，款待外宾，若只用十二元一桌底酒席，则又是啬了。由此可见。所谓俭的标准，是因人因事而异底。所以照旧说，俭必需中礼，在每一种情形下，我们用钱，都有一个适当底标准。合乎这个标准，不多不少，是俭。超乎这个标准是奢，是侈，不及这个标准是啬，是吝，是悭。不及标准底俭，即所谓"俭不中礼"。不中礼底俭，严格地说，即不是俭，而是啬了。不过怎么样才算"中礼"，才算合乎标准，在有些情形下，是很不容易决定底。在这些情形下，我们用钱，宁可使其不及，不可使其太过。因为一般人的在这方面底天然底趋向，大概是易于偏向太过的方面，而我们的生活，"由俭趋奢易，由奢入俭难"。失之于不及方面，尚容易改正。失之于太过方面，若成习惯，即不容易改正了。所以孔子说：

礼与其奢也，宁俭。

此所谓俭，是不及标准底俭。

俭固然是以节省为主，但并不是不适当底节省。一个国家用钱，尤不能为节省而节省。我们经过安南，看见他们的旧文庙，其狭隘卑小，使我们回想我们的北平，愈见其伟大宏丽。汉人的《两都赋》，《二京赋》一类底作品，盛夸当时底宫室，以为可以"隆上都而观万国"。唐诗又说：

不睹皇居壮，安知天子尊。

这些话都是很有道理底。不明白这些道理，而专以土阶茅茨为俭者，都是"俭不中礼"。人不但须知如何能有钱，而并且须知如何能用钱。有钱底人，有钱而不用谓之吝，大量用钱而不得其当谓之奢，大量用钱而得其当谓之豪。我们常说豪奢，豪与奢连文则一义，但如分别说，则豪与奢不同。我们于上文说，用钱超过适当底标准，谓之奢；用钱合乎适当底标准，谓之俭。不过普通说俭，总有节省的意思，所以如有大量底用钱，虽合乎适当底标准，而在一般人的眼光中，又似乎是不节省者，则谓之豪。奢是与俭相冲突底，而豪则不是。奢底人必不能节省，但豪底人则并不必不能节省。史说：范纯仁往姑苏取麦五百斛。路遇石曼卿，三丧未葬，无法可施，范纯仁即以麦舟与之。这可以说是豪举。但范纯仁却是很能俭底人。史称其布衣至宰相，廉俭如一。他又告人：

惟俭可以养廉，惟恕可以成德。

这可见俭与豪是不冲突底。

以上说俭，是就用度方面说。此虽是普通所谓俭的意义，但我们于本篇所谓俭，则并不限于此。我们于以下，再说俭的进一步底意义。

《老子》说：

吾有三宝，持而宝之。一曰慈，二曰俭，三曰不敢为天下先。慈故能勇，俭故能广，不敢为天下先，故能成器长。

《老子》又说：

治人事天莫如啬。夫惟啬是以早服，早服是谓重积德。重积德则无不克。无不克则莫知其极。莫知其极，可以有国。有国之母，可以长久。是谓深根固柢，长生久视之道。

朱子说：

老子之学，谦冲俭啬，全不肯役精神。早服是谓重积德者，言早已有所积，复养以啬，是又加积之也。若待其已损而后养，则养之方足以补其所损，不得谓之重积矣。所以贵早服者，早觉其未损而啬之也。

此所谓俭，所谓啬，当然不是普通所谓俭，所谓啬。然亦非全不是普通所谓俭，所谓啬。

普通所谓俭，是节省的意思，所谓啬，是过于节省的意思。在养生方面，我们用我们的身体或精神，总要叫它有个"有余不尽"之意。这并不是"全不肯役精神"，不过不用之太过而已。道家以为"神太劳则竭，形太劳则弊"。神是精神，形是身体。我们用身体或精神太过，则至于"难乎为继"的地步。所以我们做事要尽力，但不可尽到"力竭声嘶"的地步。这样底尽力是不可以长久底。《老子》所讲底做事方法，都是可以长久底，所以《老子》常说"可以长久"。《老子》说：

企者不立，跨者不行。

又说：

飘风不终朝，骤雨不终日。孰为此者？天地。天地尚不能久，而况于人乎？

一个人用脚尖站地，固然是可以看得远些；开跑步走，固然是可以走

做人篇

得快些，但这是不可久底。其不可久正如"天地"的飘风骤雨，虽来势凶猛，但亦是不能持久底。

《老子》所讲底做事方法，都是所谓"细水长流"底方法。会上山底人，在上山的时候，总是一步一步地，慢慢走上去，如是他可常走不觉累。不会上山底人，初上山时走得很快，但是不久即"气喘如牛"，不能行动了。又如我们在学校里用功，不会用功底人，平日不预备功课，到考时格外加紧预备，或至终夜不睡，而得不到好成绩。会用功底人，在平时每日将功课办好，到考时并不必格外努力，而自然得到很好底成绩。不会上山底人的上山法，不会用功底人的用功法，都不是所谓"细水长流"，都不是可以长久底办法。不论做何事，凡是可以长久底办法，总是西洋人所谓"慢而靠得住"底办法，亦即是所谓"细水长流"底办法。诸葛亮说："淡泊以明志，宁静以致远。"淡泊是俭，宁静是所谓"细水长流"底办法

老子很喜欢水。他说：

上善莫若水。

又说：

天下莫柔弱于水，而攻坚，强者莫之能胜。

屋檐滴下来底水，一点一滴，似乎没有多大力量。但久之它能将檐下底石滴成小窝。这即所谓"细水长流"的力量。

于此我们可以看出，在这一方面，勤与俭底关系。会上山底人，慢慢地走，不肯一下用尽他的力量，这是俭。但他又是一步一步，不断地走，这是勤。会用功底人，每天用相当时间底功，不"开夜车"，这是俭。但是"每天"必用相当时候底功，这是勤。不会上山底人，开始即快走，不肯留"有余不尽"底力量，这是不俭。及至气喘如牛，即又坐下不动，这是不勤。不会用功底人，开夜车，终夜不睡，这是不俭。考试一过，又束书

不观，这是不勤。照这两个例看起来，勤与俭，在此方面，是很有关系底。所谓"细水长流"底办法，是勤而且俭底办法。

人的身体，如一副机器。一副机器，如放在那里，永不开动它，必然要锈坏。但如开动过了它的力量，它亦很易炸裂。一副机器的寿命的长短，与用之者用得得当与否，有很大底关系。人的"形""神"，亦是如此。我们的生活，如能勤而且俭，如上所说者，则我们可以"尽其天年而不中道夭"。道家养生的秘诀，说穿了不过是如此。这亦即所谓事天。我们的"生"是自然，是天然，所以养生亦是事天。

治一个国家，亦是如此。用一个国家底力量，亦需要使之有"有余不尽"之意。不然，亦是不可以长久底。治国养生，是一个道理。所以说："治人事天莫如啬。"用一个国家的力量或用一个人的力量，都要使之有"有余不尽"之意，如此则可以不伤及它的根本。所以"啬"是"深根固柢"之道。有了根深柢固底力量，然后能长久地生存，长久地做事，所以说："俭故能广。"

祭母文

维中华民国三十四年二月初六日，儿友兰谨以豕一、羊一、香楮庶之奠致祭于吾母吴太夫人之灵曰：

维人杰之挺生，皆造化之锺灵，但多伤于偏至，鲜能合乎中行：或仁爱而优柔，或刚断而寡情，或方正而迂阔，或干练而无诚，或豁达而疏略，或谨慎而不宏，或豪施而奢汰，或俭约而吝硁。惟吾母之懿质，集诸德之大成。使晚生以百祀，当女权之已明，作领袖于社会，宜冠冕于群英。值时代之不偶，屈长才于家庭，譬鹍鹏之巨翼，乃水击于池中，谢经国之远略，而造福于诸冯。闻吾母之来归，事重闻于高堂，作新妇之匝月，已见惊于族党，称才调为第一，父咏叹于篇章。父得助而高骞，乃游宦于武昌，受高贤①之知遇，始为宰于崇阳，虽牛刀之小试，亦驹隙之不长，忽遘疾而奄化，坠鹏程于初翔。无一言之遗命，留群雏于孟光。扶一柩而北驾，备廉吏之凄凉。既相夫之已毕，惟事亲与抚孤，凛劲节于冬雪，存冰心于玉壶。终慈日之余辉，游儿曹于上都，虽节衣而缩食，惟馈给之无虚，不相累以庶务，令专志于远图。县女学之初创，尊吾母为大家，集婉娈之庶姬，开一时之规模，以闺门之肃雍，加学校之诗书，惜为时之过暂，虽有志而未舒。及儿曹之名立，始开颜而息肩，欣诸孙之入抱，若玉树之竞鲜。睹皇居之壮丽，观长城之蜿蜒，乘遄飞之逸兴，吟孟姜之诗篇②。维

---

① 梁鼎芬。——原注

② 母居北平，一日游八达岭，甚欢，口吟孟姜女民歌。——原注

天道之消息，盖无平而不陂，值东师之渝盟，忽袭我之东陲，知来日之大难，母闻信而兴悲，忧子孙之萍漂，虑国家之黍离。既频惊于风鹤，乃遣返于园田，修松竹之三径，备儿曹之南旋。谓战争之有止，斯聚会之有年。乃一时之离别，竟永诀于人天。呜呼哀哉！母晚年之家居，惟专志于宗祠，凡堂庑之创建，思一人而任之，日聚资而蓄材，盖数年之于斯。迄客秋而始营，亲监督于始基，日夙兴而夜寐，工未竣而身危。岂劳苦之太过，形疲敝而不支，抑责任之已毕，神逍遥而永辞。自况譬于阵殁，虽形苦而神怡。乃人道之完尽，非澌灭而无余，不曰死而曰终，宜正名以称誉 ①《礼记·檀弓》："君子曰终，小人曰死。"母既返于故里，寇旋入于北平，儿初守于学校，继间关而南征。经武昌之故居，望崇阳之旧封，吊屈贾于长沙，怀朱张于祝融。当百代之巨变，对千古之遗踪，昔所怀而未达，今受感而始通。如有鲠之在喉，乃述作以为工，据所见而立说，岂好辩以为雄？维抗战之七载，媳备著于辛劳，日斤斤于盐米，夜频频于尺刀，胼双手于浣浣，疲一身于厨庖，致爱护于夫子，尽养育于儿曹，幸痼疾之已去，勉支持于作操。琏 ② 幼依于祖母，备受母之恩勤，今远嫁于星岛，久不通于音闻，即吾母之永逝，亦欲告而无因，惟确知其无恙，母无用于忧心。应盟军之东至，辽 ③ 从军而远征，渡怒江而西进，旋奏绩于龙陵，继歼敌于遮放，今次师于畹町。斯吾母之遗体，为国家之干城，虽名位之微卑，亦告慰于尊灵。尚幼稚之璞越 ④，祝福体之安康，书鸟篆于鸾笺，欲进贴于母床，藉献岁之发春，博欢笑于一筋。奈慈舆之不留，空涕泪之淋浪。离昆明而巴渝，经夔府而东航。忆昔日之传言，父为神于此乡，想慈舆之已临，或并坐于堂皇。冀深宵之入梦，奈竟夕而渺茫，忆吾母之凤论，叹有生之无常，况人死如灯灭，随形化而神亡。然噩耗之将至，媳梦柩自北方，似

---

① 宋人注："终者所以成其始之辞，而死则澌尽无余之义。"——原注。

② 女钟琏。——原注

③ 子钟辽。——原注

④ 次子钟璞，次子钟越，为母篆书"福体安康"四字。——原注

做人篇

母神之不灭，远寻儿于昆明。信斯道之茫昧，心再思而倘恍。母永逝之匝月，儿始返于故枝，空抚棺而长恸，悔九年之归迟！维抗战之七载，日仓皇于乱离，虽春秋之代序，忘岁月之已驰，冀金萱之长茂，忽承欢之及时，恨已往之不再，痛逝者之难追。叹吾父之至论，怨庄叟之妄辞 ①。母未完之志事，惟宗祠之续修，现已成之二屋，信坚固面寡俦，俟大事之已毕，即召工而与谋，必继志而述事，如吾母之所筹。几十年之人生，信始终之全完，备洪范之五福，宜无憾于人间。维明日之良辰，请起柩而奉安，留神灵于宗祐，藏形骸于田园，启吾父之旧茔，入吾母之新棺，葬父母于同穴，其永宁于九原。呜呼哀哉！尚飨。

---

① 祖父殁时，父挽联上联云："再休说八千岁灵椿，庄叟妄谈。误尽古今承欢者。"——原注

先妣吴太夫人行状

呜呼！先妣竟不及见抗战胜利而永逝矣！沈阳变作时，景兰奉先妣在天津，先妣闻变而垂涕曰："吾老矣，诸孙将奈何？"及长城战起，先妣由北平返唐河，旋复来居北平。至二十四年冬返里视伯姊。七七事变之前数日，方拟自家赴北平，车已备而变作，遂中止。嗣后友兰等随学校播迁，即未得再相见。闻先妣常问："战事何时可了？"或告以二年三年者，先妣辄摇首曰："未必。"盖深知事变之大与其影响之远。今幸胜利将临，而先妣已不及待矣。

我冯氏原籍山西高平县，始祖于清康熙五十五年经商来唐河之祁仪镇，因家焉，后遂为唐河望族。然历世虽久而宗祠尚阙，先妣恒以为念。及晚年返里，遂以建立宗祠为己任，积资蓄财，至去秋兴筑。用工百数十人，每日为备饭食，隔数日为设酒肉。又复亲临工地，监督指挥，天未明即起，或至出门尚未辨路径，则坐门外以待旦。居宅距宗祠工地约里许，每日往返多至七八次，如是者六十余日。宗祠正厅及一厢房甫成，而先妣已积劳遘疾不起。临终谓伯姊曰："吾之死，如抗战兵士之阵亡，然吾自甘之。吾死，宗祠必续修。至吾因修宗祠而积劳致疾，别人可言，汝辈不可多言也。"

先妣平日持家极俭。先考树侯府君于清光绪戊戌成进士，以知县分发湖北，先妣率友兰、景兰及妹叔兰三人随居武昌，家事无大小，躬自操作。及先考知崇阳县事，拟为置衣买婢，亦力辞，仍只用一女仆，操作如在武昌时。常曰："吾冯氏祖宗以勤俭起家，子孙敢逸豫乎？"然自奉虽简，而当用之钱，则挥斥无吝惜。修宗祠所费巨万，皆独任之。平日，衣常故旧，食常粗粝，而宗祠之一砖一石必求美好，木料必求全新者。非常时巨材不易购，乃伐先考茔地巨木以为梁栋，以为不如是不足以示恭敬之意也。居武昌、崇阳时，有亲族来者，必厚赆之。先考尝责以"为人太多，自为太少"，则笑曰："吾生性如是，不如是心不安也，"又尝谓友兰等曰："自家吃饭可以不好，有客则不可以无肉。"亲族有家道中落者，每来乞借，先妣必依其行辈，待之如礼，临行必满其意。先考之乳母晚年无依，先妣迎至家，养之终其身。民国三十一二年间，豫北大饥，逃荒来唐河者络绎于途，先妣出所积谷，每日施粥，全活甚众。平生于取与之际，尤重毋苟。先考屡赴京会试，亲族乡里有赠路费者，及后先妣悉偿还之。先考疾终崇阳任所，幕友请报亏空，谓习惯如此，官殁既无可追，家属何苦不自为计，且谓先考素受知于藩司梁公节庵，更不致有追缴事。先妣愤然曰："是卖死者，使其负梁公也。"执以为不可。其临财不苟得如此。先考于清光绪三十四年捐馆舍，越三年而革命军起于武昌，时先妣已率子女回唐河家居，谓友兰等曰："汝父早死，亦不幸中之幸矣。不然，此时将何以自处？"唐河自宣统元年春至三年冬，地方不靖，先伯父请兵剿匪，匪首王八老虎视为深仇，家中一夕数惊，人皆逃避。先妣以先考停柩在堂，独不去。盖其临难不苟免之志亦昭昭也。

平生喜人读书，尤喜子女读书。在武昌日，收入不丰，不能为友兰延师教读。张文襄公初办学校，学生多贵游子弟，先考先妣恐友兰等或染纨绔习，不敢令入学校。先妣治家之余，亲自教子女读，不识之字，俟先考公毕返寓时问之。一二年间，友兰读毕《周易》《左传》《礼记》，景兰读毕《诗经》《书经》，妹叔兰读毕"四书"。每尽一册，先妣必为煮鸡蛋两枚，或以铜元四枚市五香牛肉一块以奖励之。及到崇阳，先寓于茶厘局内，行装甫卸，即教友兰等读，屋宇逼仄，书声闻于外。先考所聘刑幕某君曰："吾作幕多年，未见太太、少爷有如此好学者。"及迁入县署，先考为友兰等专延一师，然不数月即他去，仍由先妣督读。

先考捐馆舍时，友兰十四岁，景兰十一岁，妹叔兰九岁，先妣率之扶柩北归。到家甫定，即为延名师，束（修）[脩]既厚，膳馔亦丰，每星期日必置酒以劳师生。及后友兰等游学开封、上海、北平，以及美洲、欧洲，凡有需用，先妣必按时供给，不令缺乏。常曰："若使学生在外日一忧不给，有何心读书耶？"又常戒友兰等曰："汝等在外，吾不多予钱，恐汝等困乏，多予又怕汝等浪费，父母之心如此，汝等多善体之。"每送子女出外，未尝有戚容。当友兰等在外时，家事皆不令知，每奉家书，但云一切平安而已。即后友兰等有一技之长，服务社会，先妣亦不令照顾家中事务，盖恐分其为学治事之心也。至友兰等在外收入，则令诸媳各自经理，从不过问。尝曰："汝等如不能在外树立，家中有汝等吃的饭；若能在外树立，家中亦不累汝等也。"计自友兰等十余岁出外游学，迄今数十年间，不在先妣膝下之日，远过于能奉晨昏之时，从未接一招归之谕，或言家事困难之书。直至去秋宗祠兴工时，始来谕命设法返里，于宗祠落成时请神主入祠。此谕甫到昆明，而"母病盼归"之电亦至，此电尚系伯姊阴发者。盖先妣直至弥留前数日，始告伯姊曰："与他们打电罢。"电报耽搁，行路稽迟，友兰等至家，而先妣已逝世匝月矣。

先妣尝谓人曰："我死，他们必不在侧，盖我若不觉病重，不肯叫他们回来，及觉病重叫他们，必赶不及。"方先妣病时，从兄培兰方任教于唐河惠民中学，自县城返祁仪省视，先妣询知学校尚未放假，即谓曰："快回学校罢，耽误了学生功课！"其一生以事业为重如此。

其于诸媳，尝曰："我不要媳妇们在左右伺候，只要他们能过好人家。"诸媳或在社会任事，或在学校上学，诸孙之不随往者皆留家，由先妣抚育之、亲教之读，如在武昌课儿时。孙男钟豫，孙女钟芸、钟琏，或留学美国，或毕业西南联合大学，皆先妣自幼教读之力也。时家无钟表，画线于地，以志日影，影至某线休息，至某线读书写字，皆有定规，日以为常。尝曰："吾教书无他长，但耐烦有恒耳。"

清宣统元年，县中初办女学，风气未开，家长多不肯令媳女出闺门。主其事者，唐河教育局局长吴简斋先生，先妣母家族弟也，请先妣出任监学，学生始大来。先妣尝曰："吾办学无他长，惟使师生间和而已。"

先妣教儿童，常使其存不及之心。友兰十二岁始学作文，甫成一二篇，先妣阴问先考曰："看友兰文，在昔科举时，能下场一试否？"先考曰："岂但可一试，即进秀才亦可。"先妣虽心喜，然直至友兰在清华任教之日始以相告。又尝曰："小儿如有错，须于其喜时开导之；若于其怒时折之，不但不易听从，且身体也易吃亏。"

平生不信医卜星相。在武昌日，黄鹤楼有一相面者驰名官场，一日先考归曰："此人为我相面，言我可至某官，且妻贤子孝。能至某官否不可知，妻贤子孝则已验矣。"先妣曰："此奉承之言耳。彼以此谋衣食，岂敢说人妻不贤子不孝耶？"先考默然。或有扶乩者，谓能致人魂魄谈家事，试请先考之灵，乩笔甫书"夔府孤城落日斜"之句，先妣闻而怒，立令停止。后有父执王式三先生云，于民初随军入川，夜宿夔府，梦先考云为夔府城隍，及闻乩笔所书，为大惊异不置，然先妣亦不之信也。尝曰："人死如灯灭，此喻良是。"又曰："病须自思致病之由，详告医生，切不可使其专靠切脉，随意用药。切脉能断病否不可知，能切脉之医亦不可多得。"又曰："精神愈用愈出，若能振刷精神，则病不能侵。养身莫良于饭食，药物不及也；饭食莫良于米面、蔬菜，珍馐不及也。"又曰："忧最伤人，心常怡悦则身自平安。"平生未尝有大病，小病亦往往不服药。

清末鸦片流行，宾至不以鸦片盘子出者为不敬。先妣独于鸦片深恶痛绝。先考偶尔有应酬，先妣必极谏，至于涕泣。最后病笃，或告以鸦片可治，先妣曰："奈何为此刺脑子之言？"

生性仁慈，爱诸侄如子女。先伯母孔太夫人殁时，从兄培兰、瀛兰皆尚幼，先姆母欧阳太夫人殁时，从妹缫兰方九岁，先妣辅助育教，使各有所树立。亲族间后辈之赖先妣鼓励协助而成立者尤众。在崇阳寓茶厘局时，先考治狱于厅事，先妣闻鞭笞声，辄惨然不怡。然处事刚决。尝曰："遇事当让而不让，是为强梁，不可也；不当让而让，是为无用，亦不可也。"又尝曰："吾用人若有过，则告之，不改亦不恶言责斥。但积过既多，则决去之，无论何人说情，亦不留也。"又曰："会办事之人能走近路，故事半功倍；不会办事之人走冤枉路，故事倍功半。"

其治家条理井然，爱惜人力而事亦无不办。故虽好施与，而家道日兴。闻先妣初来数日，先曾祖妣茹太夫人即语人曰："吴姐将来能置五顷地。"又数日，又告人曰："能置十顷地。"先曾祖考性豪放，爱施与，家因中落，茹太夫人实中兴之，亦非常人也。先考应会试落第归，过汝坟桥题壁《忆内》诗云：

年来事事不如人，惯逐群仙步后尘。才调如卿堪第一，奈何偏现女儿身。

盖其处事明敏，才华富赡，先曾祖妣有知人之明，先考无过情之誉，俱为乡党所称道焉。

先妣晚年家居，自备后事，将田产分为二份，衣棺俱早置备。或劝置石椁，笑曰："无万年不坏之墓也。"去年急修宗祠，若不及待，似预知其寿之将尽者。修宗祠过劳苦，伯姊劝其爱惜身体，为弟辈多照顾几年家事，先妣曰："他们能靠我一辈子耶？"弥留之前一日，曰："这一回可不会好了。"唐河语可者，久待而今始至之意。乃告伯姊用某处某树做椁；某家亲戚族人来，做孝衣几身；友兰等到家时，鞋如何做；并命取预备入殓之鞋，试着一次，过夜中而殁。盖死生之际人之所难，而先妣从容如此。

友兰等违侍膝下，于今九年。本望抗战胜利，举家团圆。今胜利虽可期，而团圆永无望矣。然先妣励志于宗祠之修建，全功未竟，而身先殒落。八十三年之人生如此终结，其庄严悲壮又非仅以团圆终者所可比拟。闻亲族言，先妣入殓时容貌悦愉，尤胜平时。盖死生之道，先妣尽之矣。

先妣姓吴氏，讳清芝，字静宜。其先闽人，清初随云南右路总兵涂公孝臣屯垦唐河。因家焉，居城南二十五里小吴庄。生于清同治元年九月初二日子时，卒于民国三十三年十二月二十二日即阴历十一月初八日丑时，享寿八十有三岁。生子男三人，长新兰早殇，次友兰、景兰；女二人，长温兰，次叔兰（沅君）。友兰等于先妣，生未能尽孝器，死未能视含殓，风木之悲，何时可已！妹沅君曰："母亲懿行，万言不能尽也。谨次大略以告当世，伏冀立言君子，推锡类之仁，惠赐铭诔，以光泉壤，感且不朽。

男冯 友兰 谨状
　　　景

回忆吾弟景兰的一幅中国画

在我和景兰的童年时期，我们的大家庭中，有一位常来的客人，他是画中国画的，常主动教我们这些小孩子画中国画。我们从他那里得到了一些关于中国画的知识和用笔设色的技巧。自出门上学以后，景兰继续练习。小学时，有一位图画老师很赏识景兰的中国画，画了一幅"雁塔题名图"送给景兰。景兰很珍视这幅画。

当我和景兰在美国的时候，我看见他画的一幅中国画，题为"寒满江皋图"，同时接到少妹沅君从北京寄来的一篇《秋夜赋》，我为此作了二首五律诗，诗说：

> 秋寒满江皋，吾弟妙挥毫。汝赋追晋作，吾心异楚骚。石松临岸立，云水接天高。浩荡长空阔，飞翔供我曹。
>
> 无为惊木落，不必感虫号，大化行时序，文人自煎熬。若非严瑟索，何以肃清高？寄语同怀妹，悲秋无太劳。

回国以后，偶在书箱中发现了这一幅画，便把我的诗写在空白处，作为题跋，并把它送还给景兰。这是我家可以传世的文物纪念品。

"文化大革命"后，我问起这幅画，侄子们说：红卫兵抄家的时候拿去销毁了，那幅"雁塔题名图"也被拿去销毁了。

"文化大革命"毁坏的重要文物太多了，这些小事又何足道？但也可以记在"文化大革命"的账上。日月不居，景兰逝世，已逾十年，回忆此图，弥增悲怆。

北大怀旧记

北大五十周年，北大哲学系拟刊行论文集，以为纪念。我写这篇怀旧记，叙述我在北大哲学系当学生时候的经历，求在论文集的尾巴上占点篇幅。我想，在我与北大哲学系的关系上，这不能算是不合适，因为这些经历也就是北大哲学系的掌故。五十周年纪念，是一个说掌故的机会。

自北大成立到现在，这半世纪中间，国家经过了许多灾难。虽然如此，中国社会的各方面或各部门，是一直在进步中底。我的这一些简单底叙述，可以证明北大是一直在进步中底。这也就表示，中国的学术是一直在进步中底。

在我入北大以前，我在上海入中国公学的大学预科（略等于现在底高中）。我们的功课中，有论理学一门。在那时候，上海的学校，都讲究英文原本教科书。不管什么教科书，教员都拿它当作英文读本教。我们的这一位讲论理学底先生，也不是例外。他选定底教科书，是耶芳斯的《逻辑初课》（Jevons，Elementary Lessonsin Logic）。这本书不能算坏，可是这位先生上课时所讲底，并不是耶芳斯的逻辑学，而是耶芳斯的英文。讲到关于"判断"一章的时候。有一次他叫我站起来，问我 Judgment 这个字是如何拼底，在 g 与 m 中间是不是有 e。

这位先生讲了不久，就离职了。于是又换了一位先生。这位先生显然也是没有学过逻辑，可是他倒是真想讲逻辑。这样就引起了我对于逻辑底兴趣。我自动地作耶芳斯的书后面底习题。有一天，有一个习题作不出来，我就到教员休息室请教。这位先生想了半天也没有办法。他说："等下次上课时，我告诉你。"可是他以后没有再来上课，就一去不复返了。

其实，在那个时候，实在是没人真懂得逻辑。严几道（复）先生出了一部《名学浅说》，又翻译了半部《密勒名学》，在当时就名震全国，成为西学泰斗了。我那时候，没有学到逻辑，不过倒得了学西洋哲学底兴趣。民国四年我在中国公学大学预科毕业，就决心要学哲学。我们毕业时，我们的科主任李登辉先生问我们同班学生的以后计划，我说："我要学哲学。"他说："你想当孔夫子呀。"

在那时候，要学哲学，必须入北大。北大是那时候中国的惟一底大学。照他的规定组织，文科设中国哲学、西洋哲学、印度哲学三个学门（即三个学系）。但事实上自民国三年度起，只设有中国哲学门。据说，自民国四年度起，要添设西洋哲学门，因为已经请到了一位专门研究西洋哲学底周慕西先生，担任教授。我得到这个消息，很是兴奋。即在上海报考北大文科西洋哲学门。

在那时候，一般人还以学校为变相底科举。上大学为底是得个人仕途的"出身"。"出身"以法科为宜，很少有人愿意入文科。所以北大对于愿入文科底人，特别放宽入学考试的尺度。报考法科底人，必须有大学预科毕业的文凭，报考文科，则不需要。我当时拿着大学预科毕业的资格报考文科。那位主持报考底职员，很替我可惜。他劝我万不可白牺牲我的资格。他又替我想了一个折中底办法。就是：先报考法科。如果取了以后，仍愿入文科，可以请转科。他说："从法科转文科是一定可以准底。从文科转法科，那就非常底困难了。"

我接受了他的折中办法，报考法科，那时候北大继承清朝京师大学的余风，国文及中国史地的题目，都是考进士底殿试策问的体裁。考生都有点莫名其妙。可是我也竟然考取了。考取以后，到了北平，才知道西洋哲学门，还是不开，周慕西先生实在早已去世，当时我很失望，不过还是请改入文科中国哲学门。周慕西先生死后，他的书约有两三书架，捐入北大图书馆。在那时候，他的这批书，也就是北大图书馆中仅有底西洋哲学书了。

我算是北大中国哲学门第二班学生。在我们以前有一班，是民国三年入学底。我们的学门，既然是中国哲学门，所以功课以中国哲学为主。主要的功课是经学，中国哲学史，诸子哲学，宋学（即宋明哲学）。

诸子哲学，第一、二班合并上课，由陈介石（黻宸）先生担任。他的浙江温州一带底土话，非常难懂，所以他上堂很少开口，当时北大承前清京师大学堂之风，教授讲究编讲义，讲义用油印印出，每次上课时，有一个听差，站在讲堂门口分发。介石先生的讲义特别多。上堂以后，一言不发，拿起粉笔就写讲义以外底议论。他的诸子哲学，是从伏羲讲起。讲了一学期，才讲到周公。有一次有个同学问："照这样讲，什么时候可以讲完。"他回答说："哲学无所谓讲完讲不完。若要讲完，一句就可以讲完。若要讲不完，永远讲不完。"他的思想，本来是接近佛学及陆王一派底道学底。他的此说，很有禅宗的意味。照我们的现在底看法，他的此说的毛病，在于将哲学与哲学史混为一谈。哲学也许可以是如他所说底。但是诸子哲学这门功课是讲哲学史。无论哲学是不是如他所说底，这一段哲学史总不是一句话可以讲完底，也不是永远讲不完底。

陈介石先生的话虽不易懂。但是他的学问的渊博，态度的诚恳，我们一、二两班的学生，无形之中，受他的影响很大。我们都爱敬他。不幸他于我们入学的第二年暑假中就去世了。

我们的宋学，先是没有人讲，后来请到了一位先生。他上了几次课，发了三页讲义。在那三页中，他主张：水为万物之源。我们全班，很不满意。那时候我是班长，同班叫我向文科学长（等于现在底院长）夏锡祺先生交涉。学长说："他的讲义有什么不妥，你们可以指出来我看，不过你们在堂上千万不可向某先生有什么表示。"我们于是写了一篇"批判"，约有十几条，交与学长。过了一天，我去见学长，他拿着我们的"批判"，抱着水烟袋，停了半天，然后说："你们的文章很好，是你们自己写底吗？"我说："学长不信，可以考试。"他也没有说什么。过了几天，舍监把我叫去，说："某先生如果讲得不好，你们可以当堂质问他。"我说："夏学长说：不准我们对他有直接底表示。"舍监说："彼一时，此一时也。"我们得了这个暗示，第二天抱着《宋元学案》上课，当堂质问。那位先生果然下次就不来了，后来我们的经学教授陈石遗（衍）先生知道了，把我们大加申斥。

以后我们的宋学一课，就由马夷初（叙伦）先生担任。

当我们在二年级的时候，蔡先生到校了。他到北大，先换文科学长。新学长是陈独秀先生。从此以后，文科的教授也多了，学生也多了。社会对于文科也另眼看待。学校是变相的科举的观念打破了。学生中间，开始觉得入大学的目的是研究学问，并不是为得个入仕途的"出身"。

陈独秀先生专任学长，没开功课。我也没有见他作过公开底讲演。在我们这一班中，他有一件趣事。

我们在民国七年毕业的时候，全体师生照了一张相。陈先生与梁漱溟先生坐在一起。梁先生态度恭谨。陈先生则很豪放。他的一只脚，直横伸到梁先生面前。等到相片洗出以后，我们送一张与陈先生。他一看，说："很好，只是梁先生的脚，伸出太远一点。"我们的班长孙时哲（本文）说："这是先生的脚。"陈先生也为之大笑。

胡适之先生到北大的时候，担任比我们低一班的中国哲学史。他的中国哲学史大纲就在这个时候以讲义的形式出现。我们这一班的中国哲学史，则由陈伯弢（汉章）先生担任。我们从第二年级起，就上这门功课，一直上了两年。有一天上课时，陈伯弢先生拿着胡先生的讲义，笑不可抑，说："只看这个讲义的名称，我们就可以知道胡某人不通。哲学史已经是哲学的大纲了。哲学史大纲，岂不成了大纲的大纲？"当然陈先生的这个批评的毛病，也是在于将哲学及哲学史混为一谈。哲学史并不就是哲学，更不是哲学的大纲。因此哲学史大纲，并不等于哲学的大纲的大纲。

北大在蔡先生的改制之下，中国哲学门改为哲学系，包括中国哲学及西洋哲学。但是我们一、二两班，关于西洋哲学的功课，实在有限得很。当时只有陈百年（大齐）先生为我们讲过哲学概论。我们对于西洋哲学的知识，也就是从这门功课里得到一点。

在北大，我虽然没有学到西洋哲学。但是对于中国传统底学术思想，总算是入门了。这三年的工夫，使我得到关于中国传统底学术思想底"科班训练"。这对我以后底研究工作，当然有很大的帮助及影响。

在北大底哲学系（在当时是全国惟一底）中，认真讲西洋哲学底教授，我想当以张真如（颐）先生为第一人。不过这都是我们毕业以后底事了。以现在北大哲学系与我们当学生时候的哲学系比，我一定要说："汉之得人，于斯为盛。"我谨以此言作为我对于北大五十周年纪念中底哲学系底祝辞。

做人篇

怀念朱佩弦先生与闻一多先生

　　闻一多先生与朱佩弦先生是一代的学人作家，也是清华中国文学系的柱石。他们二位先生文学的创作，作风不同，为人处世，风格亦异。一多弘大，佩弦精细。一多开阔，佩弦谨严。一多近乎狂，佩弦近乎狷。二位虽不同，但合在一起，有异曲同工，相得益彰之妙。清华中国文学系何幸而能有他们二位在一起有十多年之久，又何不幸而于正在发展的时候，失去了他们。

　　佩弦自民国十四年起一直在清华。自十九年起，除中间有几年外，一直主持中国文学系的系务。一多到清华任教授以前，在别的大学担任过重要的行政职务。几次学校内部风潮，使他对于学校行政感觉厌倦。到清华以后，先七八年，拿定主意，专心致力研究工作。他的学问也就在这个时期，达到成熟阶段。在战前，有一次叶公超先生与我谈起当代文人，我们都同意，由学西洋文学而转入中国文学。一多是当时的惟一底成功者。

　　二十六年中日战起，北大、清华、南开，迁到湖南，那年秋季三校合组成临时大学。文学院设在南岳。我们在南岳底时间，虽不过三个多月，但是我觉得在这个短时期，中国的大学教育，有了最高底表现。那个文学院的学术空气，我敢说比三校的任何时期都浓厚。教授学生，真是打成一片。有个北大同学说，在南岳一个月所学底比在北平一个学期还多。我现在还想，那一段的生活，是又严肃，又快活。

　　那时候生活还便宜，教授饭团的饭，还是很好。同人们于几个钟头底工作以后，到吃饭底时候，聚在饭厅，谈笑风生。有一次菜太咸。我说：菜咸有好处，可以使人不致多吃。一多用汉人注经的口气说："咸者，闲也。所以防闲人多吃也。"

南岳有个二贤祠，据说是张南轩与朱子相会之处。其中有"嘉会堂"，榜曰"一会千秋"。我到那里，想起来晋人宋人的南渡，很有感触。回到文学院宿舍，作了几首诗。其中二首是：

二贤祠里拜朱张，一会千秋嘉会堂。公所可游南岳耳，江山半壁太凄凉。

洛阳文物一尘灰，汴水纷华又草莱；非只怀公伤往迹，亲知南渡事堪哀。

佩弦很赞赏这两首。学生开了一个诗朗诵会，佩弦就拿这两首去朗诵。

随着战局的转移，三校决定于二十七年春天，迁往昆明。一多同学生步行，佩弦与我及同事十余人坐汽车从长沙到桂林，经南宁、龙州，出镇南关，再坐法国人的火车到河内转昆明。在刚要到镇南关底时候，我的左臂碰断了。幸而一出关就上火车，到了河内，佩弦及陈岱孙先生为我奔走。把我送进医院。又陪我两天，他们才走。

在昆明，三校合组为西南联合大学。在这个组织之下，学生是共同底。但是三校，还各保持自己的结构，以为将来复校底预备。佩弦于二十九年休假。清华的中国文学系主任由一多代理。一多在这个时候，就拟了许多发展系务底计划。三十四年佩弦由成都回昆明，很赏识一多的计划，就坚持将系主任让与一多。

一多的计划之一，就是发展清华文科研究所。那时昆明常受空袭，机关私人，多疏散至乡间。清华在昆明东北龙头村附近之麦地村租房一座，作为清华文科研究所。清华中国文学系的教授助教，都住在那里。每星期有三天到联合大学上课，有三天住研究所里做研究工作。佩弦也是每星期有三天住城内北门街清华教授宿舍，有三天住在研究所。

那时候我的家眷也住在龙头村，进城来往，都是步行。我很怕同佩弦一起走，因为他虽身体不高，但走路很快。同他走很觉吃力。一多走路底速度，同我差不多。有一次我同一多由城内走回龙头村，我们顺着河堤的林子，一面走一面谈论，走了两个钟头，到家了，话还没有谈完。

在抗战的末期，一多开始谈政治。有一天他在报上发表一篇文章，说现在叫他不能不谈政治。他说谈政治的后果，他是知道底，但是他"喝出去了"。我看见这篇文章，还与他开玩笑，说："你写了一个白字，'喝'应作'豁'。"他"豁出去了"。朋友们在当时都很耽心，但是没有人想到他谈政治的后果如此悲惨，也可以说是如此壮烈。

在三十五年春天，一多与我作了几次很恳切底长谈。那时候他相信政治协商会议能够成功。他说：他并不打算完全作政治活动。"不过同你们比起来，我是一脚门里一脚门外而已。等到政治上告一段落，我的门外底一只脚还是收回，不过留个窗户时常向外看看。"他又说，他已决定回北平以后底研究计划。他打算用唯物史观底观点研究中国文学史。他说，他对于中国文学史底材料，知道很多，但是对于唯物史观底研究，还嫌不够。他想找个人合作。关于清华的文学院，他主张将中国文学系与西洋文学系合并为文学系，而将其中关于语言底课程分出来，另设语言系。这一个提议佩弦也很赞成，不过不能实行。因为教育部把各大学管得紧紧地，什么事都得照着刻板底部章。

一多又同我说，他的政治上的关系，必然使学校当局增加困难。因此他愿意辞去清华中国文学系主任，专任教授。主任一职仍由佩弦担任。佩弦为人，向来是不轻然诺底。我为这个事，又与佩弦长谈了许多次，梅月涵先生又亲自劝驾，才把这个担子又放在佩弦身上。

三十五年夏，西南联合大学解散，三校分批复员，我先到重庆，从此就与一多长别了。我到北平以后，接着就往美国，我在西苑上飞机，恰好碰着佩弦下飞机。匆匆一谈，直到今春我回国，才再见著他。

我回来后，中国文学系的同人在佩弦家里请我吃饭，说到有人提议，要与一多在校内立纪念碑。我说纪念碑要立在与王静安先生的纪念碑的对称的地方。一多与王静安的死，都不平凡。他们所殉的理想不同，但他们的死，都有极大底意义。我说，我记得有个宋人的笔记说：

伯夷太公各为人间办一大事。

这句话可送与一多与王静安。佩弦也深以此论为然。不过立碑的事，因经费不够以及时局不定，没有实现。

我回来看见佩弦，第一个印象就是太瘦。经过几个星期，又发现他办事比从前更谨严，几乎就近于拘谨了。清华新设立一个艺术史研究委员会，办了一个文物陈列室，买了一点古物，所用底款项有一部分是从中国文学系的预算中摊出底。他还备了一个公函到艺术史研究委员会请备案。我有一次请他夫妇吃饭，他的胃病发了，不能来，还叫书记写一封信，他亲自签名，说明只有朱太太可来的缘故。我想这表示他近来神经过于紧张。

7月底我往沈阳一趟，8月初回北平。佩弦已进医院动手术了。我去看他，见他瘦的几乎不像是佩弦了。他的声音很微细，但是他还有平日底幽默。他说：他不善自己保养，"别人是少不更事，我是老不更事"。

不过几天的工夫，他就死了。一多佩弦之死专就清华文学系说，真是有栋折榱崩之感。"江山代有才人出。"我相信，将来必定有人能继续他们二位的工作。但是就眼前说，对于中国文学的过去与将来有一套整个看法底人，实在太少了。这是我们的悲哀。

怀念金岳霖先生

　　金岳霖先生离开我们已经一年了。《哲学研究》1985 年第九期发表了他的《中国哲学》疑问，也是出于纪念的意思吧。在这篇文章里，金先生提出了中国哲学的四个特点。第一个特点"是那种可以称为逻辑和认识论的意识不发达。"金先生说："这个说法的确很常见，常见到被认为是指中国哲学不合逻辑，中国哲学不以认识为基础，显然中国哲学不是这样。我们并不需要意识到生物学才具有生物性，意识到物理学才具有物理性。中国哲学家没有发达的逻辑意识，也能轻易自如地安排得合乎逻辑；他们的哲学虽然缺少发达的逻辑意识，也能建立在以往取得的认识上。意识到逻辑和认识论，就是意识到思维的手段。中国哲学家没有一种发达的认识论意识和逻辑意识，所以在表达思想时显得芜杂不连贯，这种情况会使习惯于系统思维的人得到一种哲学上料想不到的不确定感，也可以给研究中国思想的人泼上一瓢冷水。""这种意识并不是没有。受某种有关的刺激，就不可避免地要发生这种意识，提出一些说法很容易被没有耐心的思想家斥为诡辩。这类所谓诡辩背后的实质，其实不过是一种思想大转变，从最终实在的问题转变到语言、思想、观念的问题，大概是领悟到了不碰后者就无法解决前者。这样一种大转变发生在先秦，那时有一批思想家开始主张分别共相与殊相，认为名言有相对性，把坚与白分离开，提出有限者无限可分和飞矢不动的学说；这些思辨显然与那个动乱时代的种种有比较直接的关系。……然而这种趋向在中国是短命的；一开始虽然美妙，毕竟过早地夭折了。逻辑、认识论的意识仍然不发达，几乎一直到现在。"

　　金先生的这些论断，我一向是同意的。在近代生理学和逻辑学建立以前，人类已经存在了不知多少万年，在那漫长的岁月里，人本来是照着近代生理学所讲的规律而生存的，照着近代逻辑学所讲的规律而思维的。一门科学的对象，是先于那门科学而本来如此的。并不是先有那门科学，然后才有它的对象。而是先有它的对象。中国无发达的认识论和逻辑学，并不妨碍中国人有认识和正确的思想。认识论和逻辑学的根本问题，是共相和殊相的分别和关系的问题。这是金先生的特识，但是，认为对于这个问题的讨论在中国早已夭折，这一点我现在不能同意。

在我近来写《中国哲学史新编》的过程中，我自以为对于中国哲学有了进一步的了解。我现在认识，这个问题是贯穿于中国哲学发展的过程中的一个根本问题，不过随着各个时代的不同，其表现形式有所不同。从先秦诸子说起，儒家讲正名，法家讲综核名实，名家讲合同异，离坚白，道家讲有无，说法不同，其根本问题都是共相和殊相的问题。魏晋玄学继续发挥有无问题。宋明道学所讲的理欲道器问题，归根到底，也还是共相与殊相的问题。这个问题一直到现在还在讲，这是活问题，不是死问题。论者多认为金先生和我是现在讲这个问题的代表人物。我，不敢当。我不过是在这方面做了一点工作，至于代表应该是金先生，其理由如下所说。

1937 年中日战争开始。我同金先生随着清华到湖南加入长沙临时大学。文学院设在南岳，在那里住了几个月，那几个月的学术空气最浓，我们白天除了吃饭上课以外，就各自展开了自己的写作摊子，金先生的《论道》和我的《新理学》都是在那里形成的。从表面上看，我们好像是不顾国难，躲入了"象牙之塔"。其实我们都是怀着满腔悲愤无处发泄。那个悲愤是我们那样做的动力，金先生的书名为《论道》，有人问他为什么要用这个陈旧的名字。金先生说，要使它有中国味。那时我们想，哪怕只是一点中国味，对抗战也可能是有利的。

金先生和我的那两部书，人们认为，内容差不多，其实也有不同，在金先生的体系里，具体共相保留了一个相应的地位，我的体系里没有。我当时不懂得什么是具体共相，认为共相都是抽象，这是我的一个弱点。当时我如果对于具体共相有所了解，在 50 年代讲哲学继承的时候，我的想法就不同了。

后来我们到了昆明。金先生担任了认识论这门课程，写了一本讲稿。以后，他逐年修改补充，终于成为一部巨著，即《知识论》。他把定稿送给我看，我看了两个多月才看完。我觉得很吃力，可是看不懂，只能在文字上提了一些意见。美国的哲学界认为有一种技术性高的专业哲学，一个讲哲学的人必须能讲这样的哲学，才能算是一个真正的哲学专家。一个大学的哲学系，必须有这样的专家，才能算是像样的哲学系。这种看法对不对，我们暂时不论。无论如何金先生的《知识论》，可以算是一部技术性高的哲学专业著作。可惜，能看懂的人很少，知道有这部著作的人也不多。我认为，哲学研究所可以组织一个班子，把这部书翻译成英文，在国外出版，使国外知道，中国也有技术性很高的专业哲学家。

金先生在清华、西南联大也担任逻辑这门课程，写有讲稿，后来发表为《逻辑》这本书。金先生是中国第一个真正懂得近代逻辑学的人。有人可以说严复是这样的一个人，可是，严复仅只是翻译过穆勒《名学》，没写过系统的哲学著作。金先生又是中国第一个懂得并且引进现在逻辑学的人。说到这里，金先生在《中国哲学》中所说的那一句话倒是对了。他说："逻辑、认识论的意识仍然不发达，几乎一直到现在。"金先生可以说是打破这种情况的第一个人。他是使认识论和逻辑学在现代中国发达起来的第一个人。

金先生还有一种天赋的逻辑感。中国有一个谚语："金钱如粪土，朋友值千金。"金先生说，他在十几岁的时候，就觉得这个谚语有问题，如果把这两句话做为前提，得出的逻辑结论应该是"朋友如粪土"。这和这个谚语的本意是正相反的。

有一个笑话说，有一个二郎庙碑文，其中说："庙前有一树，人皆谓'树在庙前'，我独谓'庙在树后'。"说笑话的人都认为这两句话是自语重复，没有什么意义。金先生说这两句话并不是自语重复。《世说新语》有一条记载说，有人说："小时了了，大未必佳。"孔融说，你小的时候，必定是了了的。孔融的意思是说，看你现在不佳，可以推知你小的时候是了了的。金先生说，不能这样推。在这三个例中，第一例的错误是很显然的，可是大家都是这样说。金先生在十几岁的时候，就能看出它的错误，这是他的天赋的逻辑感。至于后二例，在我听金先生说的时候，也仿佛了解金先生的意思。可是怎样用逻辑的语言把这个意思明确地说出来，我没有追问。

金先生擅于运用中国的成语说明一个道理。有两句成语："理有固然"，"势所必至"。金先生在《论道》中，运用这两句成语说："理有固然，势无必至"。他只把"所"字改成"无"字，就准确地说明了一般与特殊的不同，而且中国味十足，"文约义丰"。

金先生对艺术有很高的欣赏力。他欣赏中国画。已故北京大学教授邓叔存先生，是清代的大书法家邓完白之后，收藏甚富。他常给我们讲画，他指着一个作品说："你们看这一笔！"听的人都期望下边必定讲出一番道理，谁知下边就完了，道理尽在不言中了。这种不言之教，金先生倒能了解。他常学着邓先生的这种姿势，以为笑乐。但他并不同鉴赏家们辩论某一作品的好坏真伪问题，他只说："我喜欢某一作品，不喜欢某一作品。"

金先生也欣赏诗，如他在《中国哲学》中所说的，他最喜欢《庄子》，他认为庄子是一个大诗人，他对于《庄子》的欣赏，大半是从它的艺术性说的。

金先生的风度很像魏晋大玄学家嵇康。嵇康的特点是"越名教而任自然"，天真烂漫，率性而行；思想清楚，逻辑性强；欣赏艺术，审美感高。我认为，这几句话可以概括嵇康的风度。这几句话对于金先生的风度也完全可以适用。

我想像中的嵇康，和我记忆中的金先生，互相辉应，嵇康的风度是中国文化传统所说的"雅人深致"、"晋人风流"的具体表现。金先生是嵇康风度在现代的影子。

金先生的著作，我们可以继续研究；金先生的风度是不能再见了。

做人篇

怀念陈寅恪先生

30 年代，余之《中国哲学史》（两卷本）完成时，清华拟将其列入
"清华大学丛书"，请寅恪先生审查其学术水平，看其是否合乎标准。寅恪
先生曾先后写《审查报告》两篇，其第二篇末尾，曾言及寅恪先生自身之
学术工作、思想情况："寅恪平生为不古不今之学，思想囿于咸丰、同治之
世，议论近乎湘乡、南皮之间。"（湘乡指曾国藩、南皮指张之洞）其言简
明扼要，为研究寅恪先生之最原始材料。

"不古不今之学"是说他研究唐史。寅恪先生博闻强记，研究所及，极
为广泛，在文、史、哲三方面，均能有所树立；中年以后，集中精力研究
历史。中国封建的历史学，大都是大人物纪传的总集，和一些"断烂朝报"
的汇编，寅恪先生用近代史学的方法，研究他所掌握的丰富史料，使中国
的历史学远远超过封建时代的水平，他是中国近代历史学的创始人或其中
极少数人之一。关于这一点，我不多说，因为并世的历史学家当能知之更
深，言之更详。寅恪先生的下文说"思想囿于咸丰、同治之世，议论近乎
湘乡、南皮之间"。什么是"咸丰、同治之世"的思想？什么是"湘乡、南
皮之间"的议论？咸丰、同治之间的主要思想斗争，还是曾国藩和太平天
国之间的名教和反名教的斗争。曾国藩认为，太平天国叛乱是名教中的
"奇变"。他所谓名教，就其广义说，就是中国传统文化。他认为，太平天
国是用西方的基督教毁灭中国的传统文化。这就是所谓"咸丰、同治之世"
的思想。曾国藩也是主张引进西方的科学和工艺，但是要使之为中国传统
文化服务。这就是封建历史家所说的"同治维新"的主体。张之洞用八个
字把这个思想概括起来，即"中学为体，西学为用"，这就是所谓"湘乡、

南皮之间"的议论。

据传说，俞樾应会试考试，试卷中有一句诗"花落春仍在"，大为曾国藩所赏识，得以中式，俞樾因名其所居曰"春在堂"。俞樾的这句诗，专从留连光景的眼光看，固不失为佳句；但照我的臆测，曾国藩之所以赏识这句诗，当亦别有所感："西学为用"，中学的地盘必有许多为西学占据者，此乃"花落"也；但"中学为体"，则乃"春仍在"也。诗无达诂，"花落春仍在"这句诗，可以作为"中学为体，西学为用"那句话的寓言。

我于 1920 年，到美国哥伦比亚大学毕业生院做研究生，同学中传言：哈佛大学的中国留学生中有一奇人陈寅恪，他性情孤僻，很少社交，所选功课大都是冷门。我心仪其人，但未之见。我于 1926 年应燕京大学之聘，定居北京，是时寅恪先生任清华大学国学研究院导师，始得相见；又因工作关系，得与王静安（国维）先生接触。其后不久，静安先生自沉于颐和园湖水中，其志事世人鲜能明者。清华国学研究院师生为立一纪念碑，寅恪先生为作碑文，以明其志，又以余哀作《挽词》，其立场、观点、感情、词藻，与静安先生所作之《颐和园词》如出一手。

越二十年，1948 年间，中国人民解放军解放全国之势已成，北京将先全国而得解放之局已定，国民党政府派大员乘专机到北京，拟接各大学教授往南京，无应者。12 月中，解放军从南口攻入北京郊区，国民党军队退入清华大学，以为据点，盖欲以清华为城社，使解放军投鼠忌器，不敢进攻。清华师生愤起斗争，迫使国民党军队撤出清华，退至白石桥、动物园一线。清华师生正庆幸清华得以保全，而寅恪先生不辞而别，罄室行矣。消息传出，朋友俱感突然，复疑先生南京不去，北京不留，此行将何适乎？后闻其乘火车南下，知其将避世于香港。又闻其到广州后，为朋友所劝阻，止于岭南大学，未出国门，然亦不复回清华，亦不复返北京矣。中华人民共和国成立，中国科学院授以历史研究所所长之职；人民政协全国委员会举为常务委员。寅恪先生迄未来京，盖其所争，非个人一己之名位也。

静安先生与寅恪先生为研究、了解中国传统文化之两大学者，一则自沉，一则突走，其意一也。静安先生闻国民革命军将至北京，以为花落而春亦亡矣；不忍见春之亡，故自沉于水，一瞑不视也。寅恪先生见解放军已至北京，亦以为花落而春亦亡矣，故突然出走，常往不返也。其义亦一也。一者何？仁也。爱国家，爱民族，爱文化，此不忍见之心所由生也。不忍，即仁也。孔子门人问于孔子曰："伯夷、叔齐怨乎？"孔子回答说："求仁而得仁，又何怨。"静安先生、寅恪先生即当代文化上之夷齐也。

余于 70 年代起，重写中国哲学史，起自春秋，迄于现代，号曰《新编》，以别于旧作。全书已接近完成，安得起寅恪先生于九泉，为吾书作第三次之审查耶？噫！

自传

　　我名友兰，字芝生，汉族。我的原籍是河南省唐河县。祖上从山西省高平县来到唐河做一些小生意，后来就在唐河祁仪镇落户，成为地主。我的父亲于1898年中了清朝戊戌科的进士，后来在湖北做过知县。

　　我于1895年12月4日（公历）生于祁仪镇。幼年在家里的私塾里读书。1910年到开封入了中州公学的中学班。1912年到上海入了中国公学的大学预科班，1915年毕业。毕业后考上了北京大学的文科中国哲学门。从此，哲学，特别是中国哲学，就成了我的专业。

　　我在上海上学的时候，有一门课程是逻辑学。当时懂得逻辑的人很少。教师教我们读耶芳斯作的《逻辑学纲要》。这本书的内容他也没有全懂，只把它当成一本英文读本，教我们念英文。我就是自己摸索，并且照着书后面所附的练习题，自己练习。这当然不能使我完全懂得书的内容，但是我对于逻辑发生了深厚的兴趣，由此进一步发生了对于哲学的兴趣。

　　我认为逻辑学是哲学的入门，至少对于西方哲学是如此。有些人认为形式逻辑没有什么可以学的，三段论法的推理谁不会？有人还认为形式逻辑和辩证逻辑是对立的。这些都是对于形式逻辑的误解。

　　无论如何，我对于哲学的兴趣是逻辑引起的。我对于哲学的入门，是逻辑引导的。以后我没有专门学逻辑，但是我对于逻辑的一知半解，帮助了我学哲学。

　　逻辑学引起了我对于哲学的兴趣，这个兴趣当然引导我喜欢西方哲学。当我在1915年投考北京大学的时候，北大的章程上规定，有三个哲学门：

中国哲学门、西洋哲学门和印度哲学门。实际上已经开的只有中国哲学门。据说 1915 年就要开西洋哲学门。当时我很高兴。可是入学以后，才知道西洋哲学门又开不成了。因为原来打算聘请的那位教授死了。在图书馆里有一书架英文书和德文书，据说是那位教授的遗物。就是这一架外文书。其中有一大部分还是关于宗教的。我没有办法，只得进了中国哲学门。

但是三年的学习，对于我以后的工作，还是很有用处的。这三年的学习使我知道，于三家村中所教的那些专为应付科举考试的东西之外，即专就中国方面说，也还有真正的学问。况且时在"五四"运动的前夕，在当时，北大的情况已经是"山雨欲来风满楼"了。这种"风"所给我的感染也是很大的。总的说，这三年中，我的收获是，开阔了眼界，增加了知识，练了研究中国哲学史的一些基本功。

我于 1918 年就毕业了。毕业后，在开封一个中等学校教书。在开封我同朋友们也办了一个刊物，名《心声》，宣传新文化。我也是"五四"时代的人；可是没有参加 1919 年"五四"那一天的运动，也没有看见那一天的盛况。一直到七八月间，我来北京参加当时教育部的留学考试，才看见了一些那一天的遗迹，听说了一些故事。

留学考试通过了，但因船期耽搁，12 月才到纽约，次年初入了哥伦比亚大学的研究院作研究生。这才有系统地学习西洋哲学。三年毕业，我作了一篇博士论文，这是三年学习的成绩。

这篇论文于 1924 年由商务印书馆用英文原文发表，题名为《人生理想之比较研究》。后来我用中文写出来，作为商务印书馆出版的《人生哲学》教科书，于 1926 年出版。《人生哲学》就是《人生理想之比较研究》的中文本，只有最后两章是附加上去的。这两章是我于 1923 年写的一篇讲演稿。商务印书馆先已列入他们出版的《小百科全书》。题名为《一个新人生观》。《人生哲学》是我在 20 年代的主要著作。

我回国以后，本来想继续研究西方哲学史，作一些翻译介绍西方哲学的工作，当时的燕京大学叫我担任中国哲学史这门课，讲中国哲学。我在燕京讲，又在清华讲，多年积累，最后完成了我的那一部两卷本的《中国哲学史》，于 1934 年出齐。以后有朋友翻译成英文，在国外发表。这是我在 30 年代所作的重要著作。

我在 40 年代抗日战争时期，总共写了六部书：《新理学》（1939），《新事论》（1940），《新世训》（1940），《新原人》（1943），《新原道》（1945），《新知言》（1946）。

这六部书，实际上只是一部书，分为六个章节。这一部书的主要内容，是对于中华民族的传统精神生活的反思。凡是反思，总是在生活中遇见了什么困难，受到了什么阻碍，感到了什么痛苦，才会有的。如同一条河，在平坦的地上，它只会慢慢地流下去。总是碰到了岩石或者暗礁，它才会激起浪花。或者遇到了狂风，它才能涌起波涛。当时的狂风，就是日本帝国主义的侵略。

《新理学》这部书是我在当时的哲学体系的一个总纲。如果把六部书作为一部书看，《新理学》这部书应该题为第一章《总纲》。所以"新理学"这个名字，在我用起来，有两个意义：一个意义是指我在南岳、蒙自所写的，商务印书馆 1939 年所出的那部书；另外一个意义是指我在 40 年代所有的那个哲学思想体系。以下用不同的符号来表明这个区别。以《新理学》表明前者，以"新理学"表明后者。

当时写这六部书，并不是预先有个计划。只是遇到些问题或遇到有些地方组稿而随时写的。可是毕竟写出来了。写出来以后，又好像是有预定的计划，预写的大纲。那是因为写这些东西时，有一个总的目的，总的动力，那就是抗战。我的两卷本《中国哲学史》序文说：

  此第二篇稿最后校改时，故都正在危急之中。身处其境，乃真知古人铜驼荆棘之语之悲也。值此存亡绝续之交，重思吾先哲之思想，其感觉当如人疾痛时之见父母也。吾先哲之思想有不必无错误者，然"为天地立心，为生民立命，为往圣继绝学，为万世开太平"，乃吾一切先哲著书立说之宗旨。无论其派别为何，而其言之字里行间，皆有此精神之弥漫，则善读者可觉而知也，"魂兮归来哀江南"；此书能为巫阳之下招歆？是所望也。

这里所说的"重思"，就是上面所说的反思。

《新原人》的《自序》也可以说明这一点。《序文》说：

> "为天地立心，为生民立命，为往圣继绝学，为万世开太平。"此哲学家所应自期许者也。况我国家民族值贞元之会，当绝续之交，通天人之际、达古今之变、明内圣外王之道者，岂可不尽所欲言，以为我国家致太平，我亿兆安身立命之用乎？虽不能至，心向往之。非曰能之，愿学焉。此《新理学》、《新事论》、《新世训》及此书所由作也……昔尝以《新理学》、《新事论》、《新世训》为《贞元三书》。近觉所欲言者甚多，不能以三书自限，亦不能以四书自限。世变方亟，所见日新，当随时尽所欲言，俟国家大业告成，然后汇此一时所作，总名之曰《贞元之际所著书》，以志艰危，且鸣盛世。

所谓"贞元之际"，就是说，抗战时期是中华民族复兴的时期。当时我想，日本帝国主义侵略了中国大部分领土，使当时的中国政府和文化机关都赶到西南角上。历史上有过晋、宋、明三朝的南渡，南渡的人都没有能活着回来的。可是这次抗日战争，中国一定要胜利，中华民族一定要复兴，这次"南渡"的人一定要活着回来，这就叫"贞下起元"。这个时期就叫"贞元之际"。

西南联合大学的校歌是我作的。歌词（调寄《满江红》）说："万里长征，辞却了五朝宫阙。暂驻足，衡山湘水，又成离别。绝徼移栽桢干质，九洲遍洒黎元血。尽笳吹，弦诵在山城，情弥切。千秋耻，终当雪。中兴业，需人杰。便一成三户，壮怀难折。多难殷忧新国运，动心忍性希前哲。待驱除仇寇复神京，还燕碣。"

日本投降了。在西南联大解散，北大、清华、南开三校北返的时候，在西南联大的校址，立了一个纪念碑，碑文也是我作的。碑文简明地叙述了抗战及三校离合的经过，接着说：

　　缅维八年支持之苦辛，与夫三校合作之协和，可纪念者，盖有四焉：我国家以世界之古国，居东亚之天府，本应绍汉、唐之遗烈，作并世之先进。将来建国完成，必于世界历史居独特之地位。盖并世列强，虽新而不古；希腊罗马，有古而无今。惟我国家亘古亘今，亦新亦旧，斯所谓'周虽旧邦，其命维新'者也。旷代之伟业，八年之抗战，已开其规模，立其基础。今日之胜利，于我国家有旋乾转坤之功，而联合大学之使命与抗战相终始。此其可纪念者一也。文人相轻，自古而然。昔人所言，今有同慨。三校有不同之历史，各异之学风，八年之久，合作无间。同无妨异，异不害同。五色交辉，相得益彰。八音合奏，终和且平。此其可纪念者二也。万物并育而不相害，道并行而不相悖。小德川流，大德敦化，此天地之所以为大。斯虽先民之恒言，实为民主之真谛。联合大学以其兼容并包之精神，转移社会一时之风气。内树学术自由之规模，外来民主堡垒之称号。违千夫之诺诺，作一士之谔谔。此其可纪念者三也。稽之往史，我民族若不能立足于中原，偏安江表，称曰南渡。南渡之人未有能北返者。晋人南渡，其例一也；宋人南渡，其例二也；明人南渡，其例三也。"风景不殊"，晋人之深悲；"还我河山"，宋人之虚愿。吾人为第四次之南渡：乃能于不十年间，收恢复之全功。庾信不哀江南；杜甫喜收蓟北。此其可纪念者四也。联合大学初定校歌，其辞始叹南迁流离之苦辛，中颂师生不屈之壮志，终寄最后胜利之期望。校以今日之成功，历历不爽，若合符契。联合大学之终始，岂非一代之盛事，旷百世而难遇者者哉！爰就歌辞。勒为碑铭。铭曰：痛南渡，辞宫阙。驻衡湘，又离别。更长征，经峣嵲。望中原，遍洒血。抵绝徼，继讲说。诗书丧，犹有舌。尽笳吹，情弥切。千秋耻，终已雪。见仇寇，如烟灭。起朔北，迄南越。视金瓯，已无缺。大一统，无倾折。中兴业，继往烈。维三校，兄弟列。为一体，如胶结，同艰难，共欢悦。联合竟，使命彻。

神京复，还燕碣。以此石，象坚节。纪嘉庆，告来哲。

校歌中的信念，在铭辞中成为实事。这就是"贞下起元"。

日本投降后，原来翻译我的《中国哲学史》的那位美国朋友，写信来说：他现在美国费城本薛文尼大学当教授。那个大学邀请我去当一年客座教授，一方面给学生讲中国哲学史，一方面同他合作，完成他的翻译工作。1946年暑假，我随同清华回到北京，实现了九年的心愿，随即从北京到费城。因为给学生上课，我用英文写了一部中国哲学史讲稿。这部讲稿，在我于1947年离开美国大陆的时候，交给纽约一家出版社出版，题名为《中国哲学小史》。这本书有法文和意大利文的翻译本，但没有中文本。差不多同时，我的《新原道》也由一位英国朋友翻译成英文，在伦敦出版，题名为《中国哲学之精神》。

在西方，研究古代文化的，有希腊学、埃及学等。研究中国文化的称为"中国学"。这些学都是把它们所研究的对象作为博物馆里的东西来研究，这也难怪。因为在解放以前，外国学者来中国的，中国也无非是让他们看看长城，逛逛故宫。除了这一类古的东西之外，再也没有什么新的东西可看。当时我有一种感觉，我在国外讲些中国的旧东西，自己也成了博物馆里面的陈列品了，心里很不是滋味。当时我想，还是得把自己的国家先搞好。我想到王粲的《登楼赋》中的两句话：

虽信美而非吾土兮，夫胡可以久留？

到1947年，人民解放军节节胜利，南京政权摇摇欲坠。共产党就要解放全中国。有些朋友劝我在美国长期居留下去。我说："俄国革命以后，有些俄国人跑到中国居留下去，称为白俄。我决不当白华。解放军越是胜利，我越是要赶快回去，怕的是全中国解放了，中美交通断绝。"于是我辞谢了当时有些地方的邀请，只于回国途中在夏威夷大学住了一学期，于1948年3月回到清华。到12月清华就先北京城而解放了。在清华解放的前夕，南京派人来，邀赴南京，我坚决拒绝。自此以后，我在人事上虽时有浮沉，但我心中安慰。我毕竟依附在祖国的大地上，没有一刻离开祖国。

解放以后，我逐渐认识到，这一代"南渡"的人之所以能活着回来，这是中国共产党领导中国人民坚持抗战的成功。1949年中华人民共和国成立了，中国人民站起来了。革命和建设的热潮空前高涨，各方面的进步，一日千里。

这种情况更加强了我在联大纪念碑碑文中所说的。"周虽旧邦，其命维新"的信念。旧邦新命是现代中国的特点。我要把这个特点发扬起来。我所能做的就是用马克思主义的立场、观点和方法重写一部中国哲学史。

这种企图，说起来很容易，实际上做起来就困难了。马克思主义的立场、观点和方法，是要在长期的生活、工作和斗争中锻炼出来的。专靠读几本书是不能懂得的，更不用说掌握和应用了。当时正在提倡向苏联学习，我也向苏联的"学术权威"学习，看他们是怎样研究西方哲学史的。学到的方法是：寻找一些马克思主义的词句，作为条条框框，生搬硬套。搞了几年，总算是写了一部分《中国哲学史新编》，出版到第二册，十年浩劫就开始了，我的工作也停了。中国哲学史的研究工作受了极大的摧残。

到了70年代初期，中国哲学史的研究工作，又被别有用心地重视起来，来了一个假繁荣。在这个时候，不学习苏联了，对于哲学史中的有些问题，特别是人物评价问题，我就依傍党内的"权威"的现成说法，或者据说是他们的说法。这也是对于中国哲学史研究工作的摧残。

经过这两次折腾，我得到了一些教训，增长了一些知识。也可以说是，在生活、工作和斗争中学了一点马克思主义的立场、观点和方法。路是要自己走的，道理是要自己认识的，学术上的结论是要靠自己的研究得来的。一个学术工作者，应该所写的就是他所想的，不是从什么地方抄来的，不是依傍什么样本摹画来的。在考试中间，一个学生可以照抄另外一个学生的卷子。在表面上看，两本卷子完全一样，可是稍有经验的老师，一眼就能看出来，哪本卷子是自己写的，哪一本是抄别人的。

吸取了这个经验教训，我决定在继续写《新编》的时候，只写我自己在现有的马克思主义水平上所能见到的东西，直接写我自己在现有的马克思主义水平上对于中国哲学和文化的理解和体会，不依傍别人。当然也有与别人相同的地方。但我是根据我自己所见到的，不是依傍，更不是抄写。用马克思主义的立场、观点和方法，并不等于依傍马克思主义，更不是抄写马克思主义。我的业务水平还不高，理论水平更低。我对于中国哲学和文化的理解和体会，可能是很肤浅的，甚至是错误的。但一个人如果要做一点事，他只能在他现有的水平上做起。

哲学史有各种的写法，有的专讲狭义的哲学，有的着重讲哲学家的身世及其所处的政治社会环境，有的着重讲哲学家的性格。"各有千秋"，不必尽求一致。我生在旧邦新命之际，体会到，一个哲学家的政治社会环境对于他的哲学思想的发展变化有很大的影响。我本人就是一个例子。因此在《新编》里边除了说明一个哲学家的哲学体系外，也着重讲了他所处的政治社会环境。这样作可能失于芜杂。但如果作得比较好，这部《新编》也可能成为一部以中国哲学为中心而又对于中国文化也有所阐述的历史著作。

《新事论》的最后一篇题为《赞中华》。其最后一段说："真正的中国人已造成过去的伟大的中国。这些中国人将要造成一个新中国，在任何方面，比世界上任何一国都有过之无不及。这是我们所深信而没有丝毫怀疑的。"当时我没有怀疑，现在没有怀疑，将来也是不会有怀疑的。

路要自己走，走到底

我小的时候看《西游记》，心里老想着一个问题：孙悟空会打跟斗云，一下就是十万八千里，他还能把平常人带在跟斗云里，一同打去，但唐僧为什么不让孙悟空用跟斗云带着他，一下子就到西天呢？他为什么还要千辛万苦，一步一步走向西天呢？后来我明白了，自己的路只能自己走，唐僧只有一步一步走到西天，他才能成佛。如果他驾跟斗云一下子就到西天，他的身体是到了，但他还是一个凡夫，不能成佛。做学问也是如此，路要自己走，并且要走到底。

我的研究范围主要是中国哲学史。我在研究工作中以中国哲学史为中心，旁及到中国文化的其他方面。在30年代，我出了两卷本的《中国哲学史》，现在，我在写《中国哲学史新编》，计划出七册，目前已出版了三册。有人问，《新编》和原来的两卷本有什么不同？回答是，做法不同。我认为，哲学史是哲学的历史，不是哲学家的历史，所注重的，不应该是史料的堆积，或人名的罗列，应该是哲学发展的线索。原来的两卷本是照这个想法写的，《新编》更是有意识地照这个想法写的。《新编》着重讲中国历史上各个时代的思潮，每一个思潮，都有一个真正的哲学问题作为它的中心思想，也都有一定的社会政治情况为其所以发生的历史根源。要从这两方面说明一个思潮，是很不容易的，但可以作为研究哲学史的方向或目标。我是照着这个方向作"新编"的，能否达到这个目标，那就不敢说了。

照我现在的计划，《新编》要写七个思潮。第一是先秦诸子（分为前期和后期），第二是两汉经学，第三是魏晋玄学，第四是隋唐佛学，第五是宋明道学（分前期和后期），第六是近代变法，第七是现代革命。这七个思

做人篇

潮，都是我这几年写《新编》的时候才搞清楚的。在开始的时候，我并没有现在这样明确。对于有些史料的新了解，对历史线索的新发现，也都是在写作过程中得到的。我有一个习惯，看书不作卡片，写文章不列大纲。因为有许多好的想法，都是在实际写作过程中得到的。写着写着，就离开大纲了，以前作的卡片大部分也没有用了。

当然，这是我个人的习惯，不足为训。我今年已经九十岁了。朋友们看见我仍然在忙于著书立说就劝我，年纪大了，何必吃苦？只要把大意说说，让人代劳发挥一下就可以了。这也是一法，可我做不来，我决心活到老，学到老，做到老。

从 1912 年起，我在国内、国外上学，靠的都是河南官费。我是河南人民养育出来的。借此机会，我向家乡的父老乡亲们致谢。

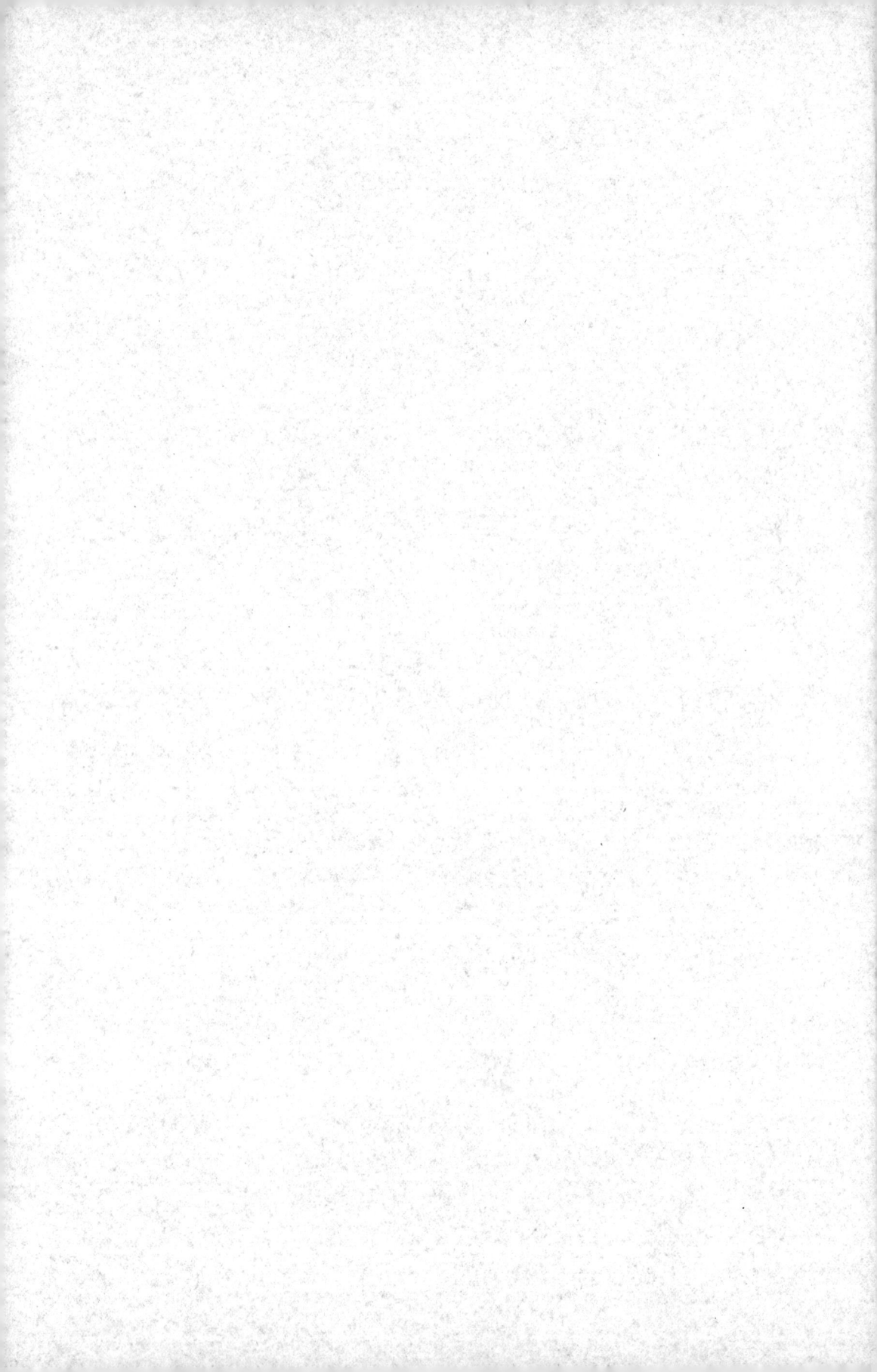